〈新装改訂版〉気剣体一致の「極」KIWAMI

常識では決して届かない"見えない技"の極限領域

黒田鉄山

BABジャパン

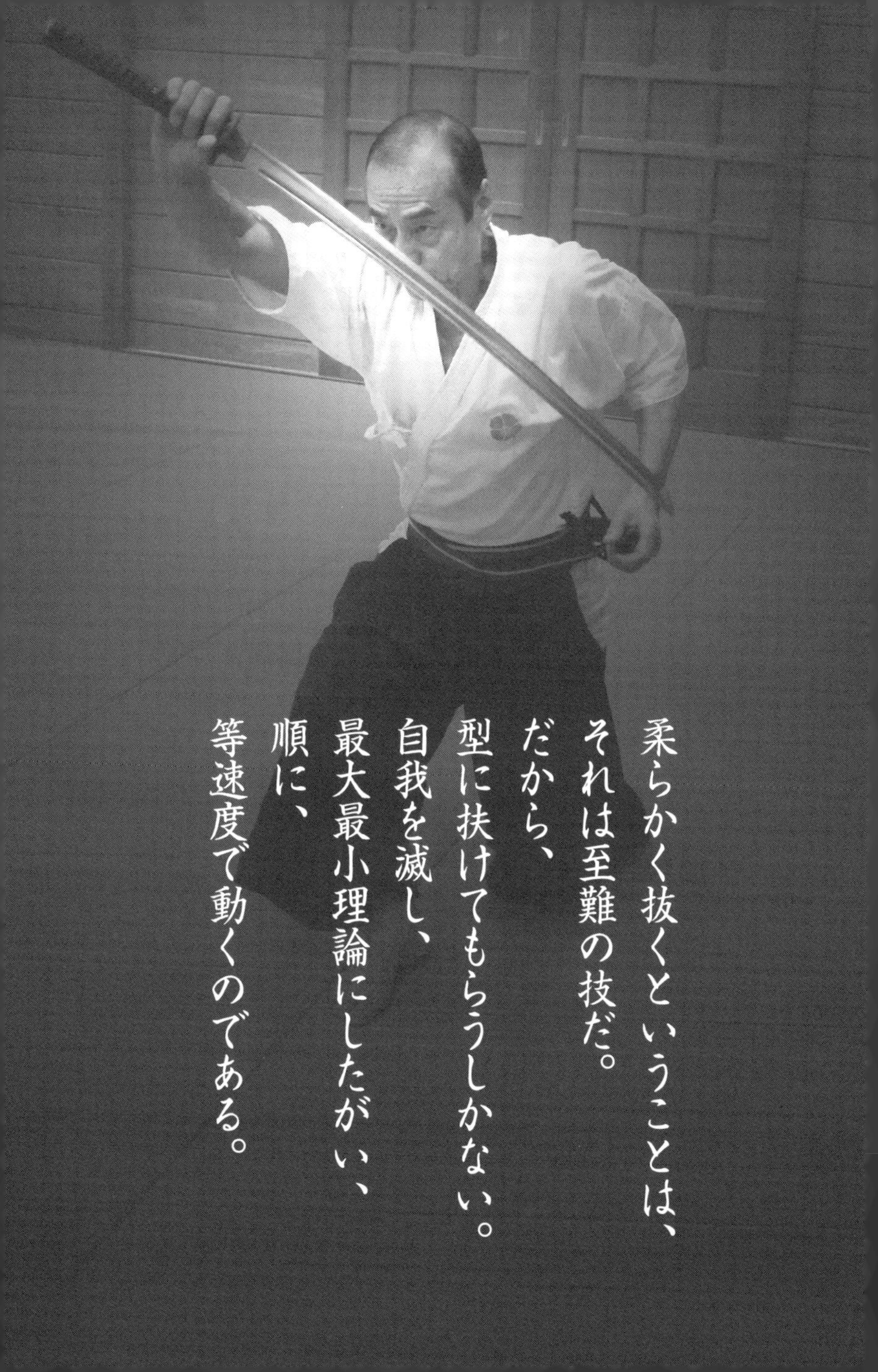

柔らかく抜くということは、
それは至難の技だ。
だから、
型に扶けてもらうしかない。
自我を滅し、
最大最小理論にしたがい、
順に、
等速度で動くのである。

はじめに

　祖父黒田鉄心斎泰治がもっとも不得手とした居合術で、わたくしの名が多少なりとも世間に広まってしまい当惑し続けたまま今日に至っている。当初、わたくし自身は柔術が最も不得手であった。というより、どれもうまくいかないのだが、ひとりで勝手に行う居合術でわがままをやっていたにすぎないのである。他に見るべきものがなく居合術そのものにおいても型が扶けてくれたればこそ過大な評価をいただくことも出来たのだろう。それは、わたくし個人への評価ではなく居合術そのものに対していただいた評価だと思っている。この居合術編に書かれてあるとおり、太刀を抜くということは至難のおこないである。だからこそ、生涯を通して神に近づこうとする努力を続けなければならないのだろう。抜けぬ、という思いは今も変わってはいない。いったいどれほど体が動いたら本当に抜けるようになるのだろうか。いや、人としては本当になど抜けるようにはならないのかもしれない。「行」とはそういうものだろう。

　そんな行としての武術を学ばんとするには、まず人として古人と同じ人間を学ばなければならないのではないかということを、最近痛切に感じている。詰まり、礼儀作法、マナーと言われるが、そういう日常的な立ち居振る舞いから身繕いしていかなければ本当のことは身につけられないということだ。昔の人間が型を学んでいた時、日常何を考えどのように行動していたかを学ばなければならない。それが古流武術のまさに術たる極意性にも通ずる大事な修行眼目とさえ言える。今日こんなことを言うと、若い方たちばかりでなく、それなりの年配者にすら反撥を買うかも知れない。

　しかし、わたくしがそういう思いをましたのは、いささかの術技的身体を得てようやくそのありがたさ、大事さを理解できたことによる。もともと礼儀作法、マナーというものは相手に誤解されないため、敵意を抱かせないための防衛手段であった。西洋のテーブル・マナーと言えばなじみのない我々にはたいへん面倒で緊張させられるものと思いがちだが、ナイフの持ち方ひとつ見ても礼儀に適った持ち方のほうがたいへん危険でさえある。合理的だからこそ武術的に見ても相手にとって危険性が高くなるのだ。武術的だから武術的なマナーを学べと言うのではない。合理的で美しいからこそ相手も楽しく食事ができる。そのこと自体がぎゃくに自分を危険から守ってくれることにつながる。心から人や自分に誠の眼を向けていただきたいのである。そのような心構えがなければ武術を学んでも何にもならない。礼儀作法が大事であるということが理解できなければ、型として学べばよい。すべて型が扶けてくれる。

本書、本シリーズを読まれて、武術を学ぶということはどういうことなのかを、些かでもご理解頂けたら、著者としてこの上ない悦びである。

さらに、術を学び動きが非日常化する楽しさ、自身の身体そのものが変わる楽しさ、心の在り方が変わる楽しさ、人は大きく変わることができるという嬉しさ、ありがたさを、実際に武術を学ぶということを通して知って頂けたら、望外の喜びである。

本書は、さらに棒術編を含んでいるが、この流儀とてたいへん難しいことを、初めから要求している。今まで種々著してきたように、何一つとして簡便にこなせるようなものはない。それはどの流儀でも同じことだ。そんな、たいへんなどという言葉では言い切れないほどたいへん難しいことを、それこそ行として一生を通して愉しんで頂けたら幸いである。

（二〇〇四年初版）振武舘黒田道場　黒田鉄山

改訂にあたって

全連作をとおしての改訂作業などという難題は、生まれて初めての経験だった。第二巻の改訂作業が終わったのは、海外合宿への出発直前であった。間に合ってほんとうに安堵しきりであったが、帰国後は早々に第三部の改訂作業に着手しなければならない。が、その前に月刊の連載記事を書き上げなければならなかった。帰国後の雑務を終えて、作業に入る際、この居合術編は、連載当初からすればだいぶ経っているので、現在のわたくしの感覚により近いはずである。その観点から全面書き換え作業だけは免れることを期待し、可及的速やかにゲラを編集に回すことを心から願って筆を執った。

が、とたんに、第一章の項目が眼に入った。かなり以前、月刊誌連載中に今風にと訂正した文言が眼に入り、やはりここは祖父泰治が使った言葉でお願いしたいと思い直し、わたくしにとっては懐かしくも大事な言葉として「剣術中の」という語を、再生させていただいた。意味は別段どうということもなく、剣術の中で捉えた場合、居合はその剣の精髄を表すということである。だが、それを『剣術の中の…』とすると、わたくしにとってはたいへん違和感のある言葉として耳に響く。「居合は剣術中の精髄である」という言葉しかわたくしにとっての居合はないのである。わたくしの大事な居合は、まさに「剣術中の精髄」であるべきであり、剣術の中の…ではけっしてないのだ。

なぜ、そんなことに拘泥するのかと言われれば、それはまさに我々の稽古自体が繊細緻密なことしか目標にしていないからではないかと、今更ながら気づかされたからに他ならない。

海外の合宿、とくに米国では大きな人々と交流をしている。彼らが学ぼうとしているのは古伝の日本文化の精髄、剣の精神である。しかし、剣の精神という抽象的な言葉で直接何を伝えることが出来るのだろう。父が言っていたとおり、術を学んで道はそれぞれが悟るものだと。具体的な超絶技巧と言ってもいいほどの緻密繊細高度な身体運用技法こそを共に求め精進するのが本来の意味での道場ではないか。そこにこそ個々の未知の能力が潜んでいるのではないか。

そして、その未知の能力こそ、父母未生以前の「私」が本来受け継いだ血なのである。それを求めて日々の行をおこなうことが「道」ではないのか。武術とは本来の宗教そのものである、とは父がよく言っていたことだ。わたくしが若い頃に聞いたその言葉は意外ですらあった。実際、武術とは人を殺傷する技術の体系である。それはまた同時に武医同術という世界も併せ持つこととなるが、しかしたとえ武という文字は矛を止めると表すという論もあるにせよ、基本的に武はあくまでも武である。と、そんな考えしか持たなかったわたくしの耳に宗教そのものであるとは青天の霹靂であった。しかも、それは父がわたくしの日々物言い、稽古の姿を観ての感想であった。意外ではあったが、そんな父の言葉はわたくしの心に残った。たしかにその後、武術的身体とは三位一体の身体であると実感することができるような稽古の道程を思えば、まさにその言葉は、わたくしの学んでいる家伝の武術の本質を表していた。

すでに前二巻で型は理論であるとの観点から説明を尽くしてきた。が、言葉は空しい。数式では表せない。まさに以心伝心の世界である。しかし、たしかに動く以前の何事かを、相手より先に察知しなければこちらが危ういという現実がたしかに存在している。現在、そのような状況を把握する機器はない。少なくとも人の脳と同じ働きをもって彼我の状況を未然に把握する電子機器はないと言えよう。いや、あったからどうだというのではない。器械、機器ではなく、人の知的な能力として身体と共に在って在るべきことが大事なのである。
居合術とはその場における彼我の状況の逆転を意味する。眼に見える勝負などどこにもない。いや、それは眼のある人には明らかに存在している現象なのである。その優劣強弱は、初めからそこに存在しているのだ。それが特に著明なのが、剣術中の精髄と言われる居合術なのである。

平成二十七年十月

振武舘黒田道場　黒田鉄山

居合術編

居合術編

第一章　居合は剣術中の精髄である

▼いあいじゅつ
▼いあい術
▼民弥流秘術居合術
▼居合とは

いあいじゅつ

はじめて「いあい」を抜いたのは、わたくしが四歳半の時であった。祖父の部屋で稽古着に玩具《おもちゃ》の刀を差して座構えを取った写真がある。写真を撮られた記憶は確かにあるが、その頃何を稽古したかは定かではない…。が、その脳裏には真之太刀を教えられたような、遠くかすかな記憶の断片が残っている。

小学校三、四年生の頃、お別れの謝恩会で居合を抜くことになった。親の勧めだった。うす暗い道場で父に型を教わっていたら、祖父が顔を出した。玩具の刀を見て、

「侍の子が人前でそんなものじゃいけない」と言って、奥から真剣を持ってきた。もちろん、子供用の真剣などあるわけがない。

そして、何のためらいもなく居合術第一本目の真之太刀を手渡してくれた。玩具の刀とはまったく異質な手応えの真剣を、教えられた型のままに抜いた。

「まさか、本当に抜くとは思わなかった」と、後年祖父からこの時のことを聞いた。もし抜けなければ、そのまま太刀をもどすつもりだったとのことであった。

著者四歳半の頃の座構え

教えられたとおりに抜く、とはどういうことなのだ。はたして本当に、教えられたとおりに子供のわたくしは抜いていたのだろうか。大人の刀を型どおりに抜けたのだから、抜いてはいたのだろう。だが、そうやって抜かせてくれたのは、まったく型のおかげである。幼少時の手ほどきが身体の奥深くに刻まれていたのだろう……。

いあい術

ことの初めから術というものを手渡されたありがたさは、今日振り返ってみてはじめて心の底から実感できることだ。

十一歳の時、大宮の氷川神社での奉納剣道大会で居合を演武した。その古い八ミリフィルムを見て愕然としたことがある。言葉を失った。二十歳の時、居合の切附が抜けなくて苦心していた頃であった。

そこには、まるで晩年の祖父を見るような抜き方をする幼い自分が写っていた。いや、そこに老人子供の差異はない。まさにこれが祖父の伝えた「型」そのものであった…。浮身、発剣、後太刀が明確に演武されているのみであった。

著者十一歳の頃の演武

何度もくり返して観た。大人の太刀を抜く子供のわたくしは、その太刀の長さゆえ体を大きく使っていた。それだけに明確に型の理論がそこには表現されていた。九年前の何も知らぬ自分に浮身を教えられた。祖父の教えてくれたことを再び学び直した。さっそく道場へ出た。いきなり動きが変わった…。

少年時代のわたくしは、途中で悪い姿勢の子になってしまった。それが尾を引き、顎を引き、胸を張った悪い青年時代を過ごしてしまった。当時はそれが普通でそれで良しと思っていた。

祖父の太い前腕を畏敬し、その太い腕に細やかに蠢く筋肉には幼い頃から驚きと憧憬を持っていた。そんな腕になりたくて、そんな腕を造りたくて、とくに冬場には稽古に通う子供らと共に腕立て伏せや腹筋運動などを盛んにやったものだ。しかし、そんな腕で竹刀の高速連打を行うと、ごわついた重く遅い筋肉は、ぎょっとするほど以前の動きを拘束し遅くこわばらせていた。祖父の、あの腕や身体はまさに日々の稽古によってのみ創り上げられた作品であった。絶対という言葉を使って力を否定した稽古によって得た身体なのだ。即物的な訓練で同じような筋肉が創れるはずがない。

鍛えた筋肉は硬いのが良いと思っていたわたくしは、祖父の筋肉も同様だと誤解していたのだ。いや、そもそも同じ人間なのだという前提で、そんな質的なことは考えたこともなかった。

父に、肩や前腕に筋肉の付いてきたことを評価されだした頃、人からもとくに右前腕の筋肉の特異な発達を指摘されたものだった。それは毎日刀を振っていて出来た筋肉であった。そんな折、稽古を褒めるということのない祖父からも、いつもの笑顔で「やっと人間らしい腕になってきたじゃないか…」と言われ、うれしかった…。

いまは、人から赤ちゃんのお尻のようだ、と言われてさらに満足している。稽古をしていてそんな筋肉を保っているのだ。それまでは硬い筋肉でずいぶん乱雑な稽古をしてきた。型は術を教えようとするが、教わるほうにその自覚がない。型などというものは動きの手順を伝えているだけのものとしか認識していなかった。それでも型はやっただけ扶けてくれた。いつの間にか術の世界への殼を割るところまで導いてくれていた。だが、そこで足踏みしているわたくしだった。古い写真や旧ビデオには別のわたくしが動いている。祖父から、やわらと言うくらいだから柔らかく…、柳に鞠を上手とぞ云う…、技には限りが無いが力には限りがあるものだ…、などいろいろと聞いてはいたが、わたくしの耳には物理的常識以外はまったく聞こえていなかったのだ。ただ老武術家の優れて異様な発達が眼に付く腕の筋肉に意味も無く憧れているだけの単純愚物の若者がいるだけだった。

民弥流秘術居合術

祖父は、幼少の頃から「たみやりゅうひじゅついあいじゅつ」と流儀名を教えられていたそうだ。長ずるに及び、自身の流儀を自分で秘術呼ばわりするのは妙なものだと感じ、曾祖父に問い質した。

「宮様からいただいたありがたきお言葉ゆえ、そのまま使わせて貰っておるのじゃ…」とのことであった。それは曾祖父正郡《まさくに》が京都の武徳殿で居合を演武した際、来賓の宮様（有栖川宮との由）が感極まり「…う〜む、これは秘術だ…」と漏らされたのが耳に届いたことによる。

曾祖父正郡は、いったいどのような「居合術」を披露したのだろう。祖父に問うた。

切附をたった一本演武しただけであった。その切附たるや、まことに古式ゆかしく型どおりのまま。含み声のひと声をトッと抜き付けたあとは、終始緩徐として後太刀をおこない、納刀を終える瞬間まで、やや高めのよくとおる声で気合を響かせたのであった。

そんな稽古は、とてもではないが三声を継がないと納刀まで息が続かない、と祖父は述懐していた…。これが正規の型であるとすれば、とんでもない世界である。戦前の古い弟子からまるで化け物のような体力だと比喩されたあの祖父でさえ到達しきれていないのだ…。さらに、曾祖父はそんな演武のおりには、ときに盥《たらい》に水を張り、その中に節が三つほどの孟宗竹を立て、蹲踞の姿勢から件のトッという含み声で木刀を振り下ろし、真っ二つにした。しかも竹は周囲の僅かな水圧に支えられ、そのままの姿を保っていたとのことである。これも祖父自身がやると、「二つに割ることはできるが、竹が水しぶきをあげ外へ飛んで行ってしまう…」とのことであった。

木刀で縦割りに斬るだけでも考えられないことなのに、そんな話を聞いているわたくしには真似をするどころではない。いまどうやって抜いたら型どおりにきちんと抜けるのかと悩んでいる段階なのだ。そんな逸話は何の参考にもならない。わたくしの先祖は、いったいどのような稽古をしてそんな位にまで到達したのだろうか。その隔絶感から自分にはまるで遠い手の届かぬ世界のお話としか感じられなかった。と、同時にいま自分のやっているこの型の、何か違う次元での厖大な稽古の積み重ねによってそんな位にまで昇って行けたのだろうと思うしかなかった。その型の本当の稽古法が知りたい、と願っても、そこにはただ沈黙する型があるばかりだった…。

切附

その居合術は、林崎甚助重信を中興の祖とする。
流祖民弥権右衛門宗重は、上泉伊勢守の実子あるいは孫とも言われ、剣術は授けられず長野夢楽斎槿露（長野流また夢楽流）に就き居合術に達した。当初、上泉孫次郎（または孫四郎）と名乗り、幾度か改名をした人である。一時は上泉流と呼ばれた。晩年、母方の姓、民弥を名乗り、民弥流となった。

居合とは

居合を「鞘の中」とのみ理解することは大きな偏見だ。鞘の中、座構え、抜刀術などに関しては術技的観点におけるひとつの特徴でしかない。座って抜くから「居合」なのではない。柔術でさえ初めは座り技から学ぶのだ。剣が融通無碍なら居合術もしかり。抜くという術技を段階的に錬磨することは、居合術におけるひとつの方便でしかない。いずれにせよ居合術であるから、とにもかくにも抜くという一点に執着して、執着し抜くことから稽古が始まることは確かである。

しかし、その抜くということから始まり、抜かぬことを覚え、無手となるのだ。かくのごとき型の体系を見ても、抜くということだけに執着する必要は全くない。それはすでに剣術編で無手の境地があったように、同次元の武術でしかない。すなわち、居合術は剣術となり、柔術ともなる。それぞれの範疇はひとつのものとなる。考えてみれば、居合の術者がただ抜刀することだけに特化して剣の技が使えないということもおかしなことだ。競技化された現代の柔道家の多くが剣道を知らず、剣道家の多くが柔道を出来ないというのとは根本的に異なる。

今日、古式本来の居合術というものの姿を知る人はごく少ないのではないか。たしかに居合術の断片を知る人は多い。居合道人口というものが増えただけに、なおさら真の姿は歴史の彼方で曖昧模糊としたものとなってしまったようだ。祖父からどの流派でも昔はゆっくりと静かに抜いたものだと聞かされた父は、太平洋戦争後の武術解禁後に、そんな演武姿を見せる他流の老武術家を後にも先にも一遍だけ見たことがあると語っていた。

それが映画演劇等の影響で、見世物芸としての目にもとまらぬ早業で長い太刀を操作することが居合術であるかのような錯覚、誤謬を一般に植え付けてしまった。それは居合の技の末端、一面でしかない。曾祖父の居合を見るように、往時はどの流派でも同様の稽古法を踏襲していたものである。いかにきちんとした侍の稽古、型を伝えるということが難しいかが伺える。あくまでも正しく静謐な居合を抜けるからこそ、速くも抜けるようになるのだ。

同じく祖父は、「居合は剣術中の精髄である」と言っている。先に述べたように、居合術という型の体系は、鞘からいかにして太刀を合理合法に抜くか、ということから始まり、抜かずに制する法を学び、無手の術を学び、そこからまた「抜く」ということを学ぶのだ。ただ単に相手の斬撃に応じて抜き合わせるというだけのものなどではない。高度な技を有する侍に対抗するには、その相手をして抜かずに制する事の出来る身体、そこに状況の逆転をもたらすことの出来る高度な働きを有する術技的身体を獲得していなければならない。抜かずに勝ちを制する術が、居合に限らずあらゆる武術の願望、徳目でなければならないのである。

ただ、振武舘黒田道場においては、その至難さゆえに弟子を選ぶため、多くは居合術を学べなかった。そんな意味で、剣の世界における居合術は、剣の精髄としてその技が位する。つまり、居合術において学ぶ体捌きのすべては、柔術においても剣術においても高度な技法としてそのまま働くものだ。人には得手不得手がある。祖父泰治は柔術が得手、次が剣術、居合術は不得手だと言っていた…。

柔術を学んでいて剣術のある部分を意識したほうが稽古をしやすい場合もある。またその反対もある。要は同じ身体の運用理論を学んでいるのだから個々の体得しやすい方法に集中すれば良いのだ。だから人によっては何を稽古していても柔術になり剣術になる。しかし、何を稽古していても居合術にはならない。

…と、かつては述べたが、そのならないことを精髄である居合術の身体に近づけるべく、今日の稽古の場ではおもに遊び稽古を通して学ぶようにしている。そのぶん地味な稽古を、さらに地道に続けなければならなくなった…。それは当然のことだ。剣術および柔術の目録を得た者たちでさえ、筋がなければ、かつては拒絶されていたほどの武術を総合的に学ぶのだから、少しでも無駄な時間を費やすことなど出来ない。個人の納得に任せて無駄な時間を費やす時間など無いし、そんなお相手をする時間も無い。駄目なことをいくら速くしても駄目とは祖父の言葉であったが、まさに型はそんな一般的身体を絶対的に拒否しているのである。

居合術編

第二章　座構えとは

▼只管打坐　▼浮身
▼抜くということ
▼抜くことに大事こそあれ
▼序破急の抜き――離れの至極
▼斬るということ
▼一剣を携えて
▼居合術とは、この上ない難事
▼柔らかい剣

只管打坐《しかんたざ》

居合術の稽古は、ただただひたすら座ることに始まる。それも座構えという至難の構えである。蹉座《さざ》、夷居《いきょ》といい、左膝を折り敷き、右膝を立てて座る。その右足は踵を左膝の一寸ほど前に置く。そして、折り敷いた左足踵は尻の下（蟻の門渡り）に敷き、身体の完全静止を思念する。右足踵、左膝、左足外踝の三点で座っているため身体を静止させることが難しい。それゆえ、構えを正しく取ればとるほど居付きから回避することが出来る。その構えが動揺しているうちは彼我の状況の逆転には至らない。

剣術中の精髄と言われる術の秘奥を得るための型である。座ってみてはじめて人の身体というものは絶えず微少に、あるいは眼に見えて動揺しているということが理解できる。動揺しないように工夫して座るのではない。座れば居つくものだ。そこを居付かずに座る体型が、この座構えなのである。座って座らずとはこの構えを言う。揺らがぬように安定的な座り方をすれば、それは死に直結したものとなる。

揺らぐ体勢においてコマが高速で回転するかのような完全静止が要求される。完全静止は最速を意味するからである。しかも座構えである。その意味を理解するため、最速を得るために、ただ只管、正しい構えに従って、座るしか無い。

そして、この座構えから足を使わずに立ち上がることを学ぶのである。一般的な立ち上がる筋肉運動を排除したものが、居合術における浮身である。この座構えからの身体の起き上がりにおいては、一般的な立ち上がるという腰脚部の筋肉運動は行われていない。その転換された体捌きを保持することにより、彼我の状況の逆転が起こるのである。

浮身

浮身とは、座構えから腰を半分浮かし、柄に手をかけた抜き付けの体構えをいう古式の言葉である。未だ立ってもいないし立ち上がりの予備動作もない。すなわち右脚は構えた斜めのままで、立ててはいない。この時点で右足を踏みしめて立ち上がる動作は、まさに否定されているのである。立ち上がる動作を必要とするのであれば、すでに立って太刀を振りかざしている相手に対して互角に立ち合うことなど不可能である。

剣術において、相手よりも腰構えを低く取るということの理論的な利点がある。まして、居合術における日常の稽古は、腰を落とすのではなく座しているのである。これ以上腰を低くは落とせない最高の優位点に腰構えを取って始まる稽古なのだ。足を折りたたんだ状態で、どのように足を使えば最速を得られるのか。いや、使えない状況の足を捨てたからこそ最速を得ることが出来たのだ。まさに理論としては、柔術における無足の法と同義ではないか。この最も低い腰構えが最高の位に直結したものだからこそ、往時はだれにでも許される稽古ではなかったのである。

このような構えからただ立ち上がろうとすれば、左膝に重心を移さなければならない。元々、正中線を持たぬ初心者はさらに中心が空き、隙が大きくなる。このような立ち上がる動作からは、状況の逆転

浮身

座構え（一）より浮身

は決して起こらない。それで戦えば必ず負けるのである。古今の常識をもってしてもいかにも馬鹿げた状況であることは誰の眼にも明らかである。だが、このような状況設定が型として残されているからには、そこに何か学ぶべき大事なことがあるのではないか。これが我が国古来の伝統文化遺産の一つなのである。然も、侍のものである。

なぜ座るのか、という大事が理解された上での稽古の積み重ねによって、浮身という形が実質を備え、現実の技となる。そこで初めて浮身を取ることのできる身体が相手を制御することが可能となるのである。一般的には圧倒的に有利であると思える状況下の相手に手を出させない逆転状況がそこに現出するのである。

すでに相手は太刀を抜いて立った状態でこちらを攻撃しようとしている。こちらは座っており、太刀はまだ腰に構えて待機している。そんな非現実的な状況設定なのである。しかし、そこには「座って座らず、立って立たず」の身体運用技法が確立されている。そんな修行を積んだ人間（侍）が日常の立った形で抜く居合は如何なものかは、言うまでもないだろう。

かくのごとく型は理論である。実戦の雛型ではない、ということを改めて認識しなければならない。

抜くということ

以前、鞘から太刀を抜くだけなら誰にでもできる。と言ったが、昔わたくしの友人が腰のベルトに短めの刀を差して、抜いたことを思い起こした。わたくしより背も高く、野球部出身で高い運動能力を持つ彼だったが、抜けきらなかった。それを見たわたくしは驚き、なぜ抜けないのかといぶかったが、なるほどこういうものかと納得させられた。これを特殊な例とすることもできるが、一般的にはこの程度から稽古が始まるとしておこう。そして、抜いて、抜いて、抜きまくれば何かが得られるのだろうか。何も得られない、ということだけは言える。抜き慣れによる熟練以外の何ものでもない。そこからは剣術に対抗しうる術は生まれない。それは、すでに古人先達が経験済みである。我々には厖大な学ぶべきことが型として遺されているのだ。

一般的な人間が抜くという動作、斬るという動作を連続した場合、それだけでは居合の術とは言わない。当然のごとく、その二動作により、すでに太刀を抜いて構えている相手の斬撃に対して間に合わないという定説が古くから存在している。見事に勝利を治めることができるのは映画、小説の中だけである。抜き付け動作がすなわち切附動作にならなければならないと言われてきたが、実際に稽古をする者としては、ならないと言われてもどうにもならないものである。そこに居合術における「抜く」という一大事があるのだ。どのように手足身体を働かせて抜けば、抜く動作が斬る動作と同義になるのか。それが知りたい。そして、稽古をしたいのだ。

僅かな古伝の資料を見ても、右手で抜き出せばその小手を咎められる、ゆえに三角の規矩に抜けばわが気は相手に渡る、渡るゆえ我が切っ先は相手に届く、などという意味不明、難解な言葉しかない。これでは手掛かりにならない。直伝を得たうえでこのようなありがたい文に触れるのであればまだしも、流儀の異なる古い記述である。どうにもならない。

だが、わたくしには我が流儀の直伝がある。その意味では、右手で抜くなとわたくしに教えてくれたこの文章はありがたいものであった。たしかに、そう思って、我が型を見なおせば、まさに一本目はその第一動作、浮身を懸けた体勢で柄頭を床に着けているため、右手はまったく抜くということが排除、固定され、左の体捌きのみで太刀を抜くことを学ぶ型になっていた。当然のことながら、最大最小理論に則った形となっている。そして、二本目は、これまた同様である。すでに、昔、祖父が狭い場所でも差し障りなく抜けるものだと言って、壁際で抜いて見せ、また正面に切っ先が触れぬことを見せてくれていた。ここでも右手の操作は、体捌きそのものに従っているだけで、抜くという動作自体が吸収され、消えている。右手で抜くな、という言葉ひとつで我が型の意味を捉え直すことができたのだ。こうなれば、一本目、二本目、三本目と概観すれば、なんと見事に段階を踏んだ理論体系になっているではないか。

しかも、その型の名称は、

真之太刀、行之太刀、草之太刀となる。

これが理論体系でなくして何であろうか。人の身体に順次に技法を身につけさせるべく構築されているではないか。さらに「四ツ目の入り」と称して表の型の真ん中、四本目には極意が納めてある……。

このように、居合術がその太刀を抜くということを通して、人の身体の可能性を追究させてくれる理論体系であると若い頃に思い至ってからは、ますます自己の身体、動き方そのものに意識が集中するようになったことだけは確かである。

抜くことに大事こそあれ

柄に両手をかける時の変化は、非常に重要である。祖父の左手首の形は美しいばかりでなく、独特、特異な形状をしていた。鏡を見て真似をしてみるが、どうしても祖父の手首の形状にならない。

「どうしても、爺さんのあの左手の形にならなくて諦めた……」

と、父が後年漏らしたことがある。終戦後の家族の生活を支えなければならなかった父は、稽古だけに専念することが叶わなかった。わたくしが生まれた時、父はまだ三十だった。祖父と同様に太い手首の父に「お前のほうがじいさんに似ている」と言われたが、祖父との違いの大きさを示す鏡に心が沈んでくる。これは解剖学的な人間の形態を超えた伎倆そのものを表した形態なのだ。手首そのものの問題などではなかった。身体が変化をしなければ、そのような形にはけっしてならないのである。

伝えられた型の形に身体を成型することこそが術を得るための稽古なのだ。体型も姿勢も変化しなければ未知の世界を知ることはない。いま問題にしている手首の返しは、横払いの抜き付けの際の変化である。上位になればこの変化は見せない…。基本の稽古としての縦、横、斜めをきちんと表現している段階の形である。それゆえにその段階での正しい変化ができていないということを明確に理解できるありがたさ、苦しさ、情けなさを実感する。

わたくしが縦刀、横刀、斜刀を抜いていた居合術修行当初のこと、そんな手首の形にならなくて、そんなことはいずれ将来のことと諦めて抜き続けていた時、祖父は例のごとくわたくしにその時が来たことを見てとり、次の指示を出した。手首の変化は見せず、柄手は返すことなく、右手を軽く添えるのだ、と…。しかもその右の手首は、ほぼ水平のままである。抜き付けの意図さえ見せない。さんざん縦横斜めとくり返し稽古をしていたら、ある日突然それは初心者の手だ、というのだ。まあ、言われてみれば、もっともなことだ…。相手に向かって、両手首をこれから斬り付けようとする方向へ返して抜刀をするなど笑止千万。どの方向へ抜き付けてくるのか予測の立たない構えのまま千変万化、見えざる太刀が抜き付けられるからこそ抜かずに優位を保持することが可能となる。理屈ではいくら分かっても人の身体は意識したとおりになど動いてはくれぬものだ。だから、このような段階があり、その段階へ達した者のみがつぎの注文、指示を受けることになる。祖父の指導を見ていてそれがよくわかった。いつまでも出来ねば幼稚園の段階で低迷するしかない。

ただ、わたくし自身そんな稽古の指導を受けることができたが、相変わらず手首の変化はおぼつかなかった。大脳生理学的に、人は二つのことに同時に集中できないという。たしかに三関節同時に動かすのだ、などという説明をしてその動きを見せても即座にはだれも真似することもできない。頭では理解できても身体がそのようには動かないのだ。当然のことであろう。脳と神経と筋肉との関係がそのように連結していかなければ、意のままになど動くことは出来ないのだ。

抜けぬことを嘆くわたくしに祖父は笑顔でこう諭した。

「礼式の時、どうぞ抜けてくださいと自分の刀に頼むのだ」

いつもの冗談かと思ったが、いや、そうなのだ、と確信した。

どうぞ抜けてください…、と頭を下げ、頼んで稽古を始めるしかないのだ。しばらくは稽古のたびに我が刀に頭を下げ、お願いし続けた。祖父もそうやって刀に頭を下げる日々を送ったのだろうか。

また、鞘なりに抜けとも言われた。鞘に逆らわずに柔らかく素直に抜くということが大事である。刀には反りが有り、長さもそれぞれ異なる。長短種々の刀を抜いて手に馴染ませることが大事であるとは、祖父の言葉だが、現今一本の刀を抜くだけでも容易でないのに、何たる余裕であるか…。往時の稽古の豊富さに近寄りがたい隔絶感を抱く。

たしかに、太刀は太刀性に任せて振れと言われるように、抜く時も太刀に逆らわずに、鞘なりに抜きたいものである。真剣を使って稽古をすれば容易に理解できることだが、力で抜き差しする稽古には鞘の損傷が伴う。たしかに強引な稽古で鞘を割ることもあるが、多くは細かな木屑をつくってしまう。稽古の度に鞘に刃や切っ先が触れ、木屑をつくることは恥ずかしいことと自覚していた。当時、祖父の真剣を抜かせて貰うとそのことが気になり、鞘を調べる。二つ、三つ微少な木屑が舞い落ちる。曽呂利新左衛門ではないが、鞘にはまったく干渉することなくするりと刀剣は抜け出てほしいものである。祖父の若い頃、ひょいと刀を抜いたがどうも気分が悪い。で、刀身を見ると埃がひとつ付いていた、と…。

序破急の抜き――離れの至極――

等速度で鞘なりに抜くことは、離れの至極と言われる極意的身体運用理論への捷径である。ゆっくりと抜けるからこそ速くも抜けるものだという理にもつながる。切っ先が鯉口から抜け出た瞬間が、相手に太刀が届いた時とされる離れの至極、ひと調子の抜きは時間、空間の無い世界に存在するものだ。物理的にではなく、たしかに感覚的にはひとつのものと実感される。静かに等速での抜きを積み重ねることによってのみ現実の動きの遅速を超えた無速の速さを実感できる。それは正しく抜くという一点に集約される。ゆっくりであっても正しくひとつの間に身体の動きが納まるからである。正郡の抜き付けは点の間、離れの至極に発せられた気合である。抜いて斬るのではなく、ただ抜いただけである。「とっ」という気合とともに訪れる静謐こそ、斬り終えた一瞬を表している。そこには斬りのみが存在しているのである。居合の術とは、まさにこの抜きをいかに排除して、斬りのみとするのかが型修行の眼目となっている。居合術が点の間の斬撃であるということは、すなわち剣術を表す。剣術中の精髄と言われる所以である。

元来、居合術は古くは発剣と二躬《にのみ》をもって陰陽一体通儀なり、と伝えられている。発剣を説明するに際し、それを序、破、急と分けて弁じたのはやや後になってからのようだ。序破急の抜きとは読んで字のごとく、はじめの太刀の抜きだしがあり、次第に速度を上げ、離れの一瞬は急中の急の勢いをもって抜き付ける、と説明される。祖父などもゆっくりと教えてくれる時は、序破急とも思える抜きをしてくれたが、見えないことに変わりはなかった。序の段階は浮身である。破の段階は発剣となり、離れが急中の急となる。すなわち、初めと、中と、終わりという意味での序破急しかない。ゆっくり抜いてくれると思ったとたんに太刀が消え、斬り終わった太刀姿がそこにあるだけだ。このような抜きぶりだから、祖父はたとえ身体そのものが序破急を表していても、序破急という言葉をことさら使うことはなかった。

だが、ひと調子に抜いていて序破急を含む。これが真の序破急の姿であろう。

古い序破急の説明を誤解すると、素人が見ても分かるような舞楽的な序破急の形を表すこととなる。たんなる加速度運動からは離れの至極を体感することは不可能である。それは自覚的にも他覚的にも切っ先の遅れとして現れることになるからである。

さらに、「ハジメ極メテ静カニ抜カザレバ手移リ悪シ…」と古伝の教えにあるとおり、静かに抜くことの意味は等速度を表す。序破急の抜きにおける太刀そのものに加速度的な要素はないということである。つまり、一般的な加速度運動によって速さを得ようとする稽古法ではないのだ。いや、たとえ古伝の稽古法とは言え、学問的には当然加速度というものは存在しているだろう。異なる身体運用法による特殊な加速度系の運動と言えば現代風か…。いやいや、そんな言葉遊びより、往時の侍たちと同様に、素直に古伝の教えに頭を垂れるほうが直截的で伝統的ではないか。

柄に手がかかった時はすでに太刀が抜けていなければ駄目だ、と言う祖父と、ゆっくり抜けるからこそ速くも抜けるのだ、と言った祖父の兄正義。ともに居合術の何たるかを表していて妙である。

斬るということ

居合術における種々の斬りには、剣術と同様に、押し斬り、引き斬り、撫で斬り、掬い斬り、跳ね斬り、撥ね斬り等々のほか、一般的な打ち（打ち斬り）、突き（突き斬り）などがあり、それぞれを型で学ぶことになる。いずれもそれぞれの場合に応じて使い分けるものだ。打ち、突くことのみに偏るべきではない。

初心のうちは、型を正しく知るということに全力を尽くすのみである。型のもつ構えを正しく知るのだ。正しい構えを取ることのできる身体は、一般の体とは異なる。その身体を得ることを第一義としなければならない。斬れるか斬れぬかは、型に如実に表れるものだ。いまだ斬れぬ段階では斬れぬ太刀筋として現れる。いや、斬る前にその身体に表れる。まず型によって斬れるようになるべきである。斬れぬうちから型とは別個に斬る練習をするのは、本末転倒である。居合術の型というものは、只単にものを斬れるようになるためにあるのではない。それは対敵動作として最低限の技術の中に包含されるものだ。

昔、稽古において青竹を斬ることの是非を祖父に問うたことがある。たしかに稽古が至り一定の腕になると、祖父などもいろいろと曾祖父から注文を付けられたそうだ。吊された一合枡、三合升、五合升と順次に斬る稽古をさせられたり、小川に流された薄板を次々と連続で斬らされたり、と、そんな話に往時の修行の頼もしさを羨んだり驚いたりしたものだ。

曾祖父の正郡は一間ほどの青竹を放り上げ、落ちてくるところを抜き打ちに斬り上げ、瞬時に手首を返し、その場に三片に切って落としたそうだ。祖父はと聞けば、抜き打ちに斬り上げると二つになって飛んで行ってしまい、手首を返す暇など無かった…とのこと。そんな「未熟」に対して正郡は竹を斬るだけの力で斬ればよい、と諭した。晩年の祖父は自著で『小手を打つには小手を斬るだけの力をもって打てばよい。それを手練という』と述べており、わたくしなどからすれば、祖父ですら手の届かぬ「手練」

著者が真剣で斬った真竹。断面は滑らかである。

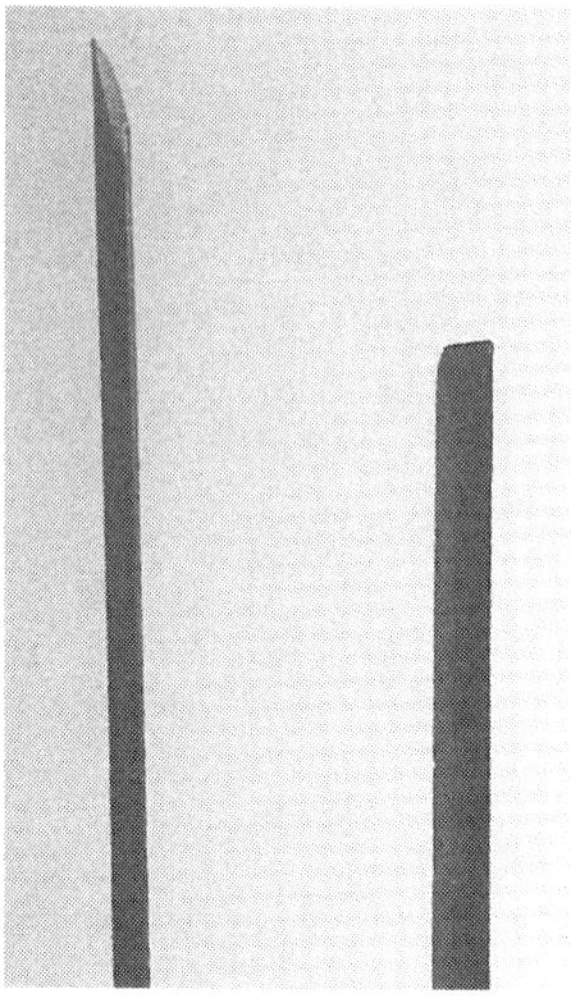

の持ち主であったことは確かである。そんな手練をもってしても曾祖父には遠くおよばぬと嘆いていた。

そんな祖父が青竹ではなく、竹刀の竹片を放り上げて斬るほうがよほど難しいものだと言ったのを耳にしたわたくしは、若気の至りで早速どんなものかと試してみた。竹刀の後家がいくらもあったが、選んだ一片は焦げ茶色の古竹でかちかちになっていた。自室で抜き身を肩に、天井もあるので竹片をわずかに放り上げ、落ちるところを斬り込んだ。当時、わたくしが稽古に使っていた真剣はなまくらで刃も止まっており、ごしごし引いても斬れぬものだった。だが、一応ふたつになった竹片をもって祖父に見せた。半分ささくれた切り口を見た祖父は「斬る位置が高い。腰から下で斬らなければ駄目だ」と注意してくれた。さっそく、もう一本同じような色合いの竹片を斬った。今度は切り口が全部通った。

「うん。あの刀でこれだけ斬れればいいだろう…」との祖父の言葉に二十歳そこそこの若者は、これ以来、竹刀の後家が出ると斬って遊んでいた。こんな経験から、刀というものはたとえなまくらでも日本刀の形をしてさえいればそれなりに斬れるものだと思うようになった。実際、包丁やナイフにしても使っていて刃が止まってきてもそれなりに用はたつ。切れ味の問題だけである。

だが、やはり刀というものは技術がなければ刃も欠くし、折ったり曲げたりもするのだろうと反省するきっかけが起こった。一九八六年（昭和六十一年）の一月、真剣で稽古中に左手の甲を斬り、動脈に達する怪我をした。傷も癒え居合も抜けるようになった頃、治り具合を測ってみたくなり、竹片を斬ってみることにした。思いもよらぬ結果に驚いた。ひと太刀目はギンッという鈍い金属製の音と共に竹片は飛んで行ってしまった。いやな手応えに刀身を見れば、ごく小さなひびがあった。再度おこなった。今度はキンッという鋭い音と共に同じく竹片は斬れずに飛んだ。刃も小さく欠けた。三度目にやっと斬れた竹片は、切り口はささくれていた。後から気づいたが高い位置で斬っていたのだった…。とは言え、こんなことはこの時が初めてであった。

なるほど、身体髪膚これ父母に受く、敢えて毀傷せざるは孝の初めなり、と言われるが親不孝ばかりでなく自身の技にも大きな影響を与えるものであった。稽古をしていて怪我の受傷や病気に罹患することは大いに道を誤ったこととされる所以である。

省みて、この頃はまだ手足身体の力に頼った太刀の振り方をしていたのだ。剣術を支えるものが柔術であると頭では理解していたが、力の否定は知っていても体が術の世界をまだ体験していなかった。それ以上に本質的柔らかさを要求される居合術ならなおさらである。当時のわたくしの稽古など未熟とか不出来とかの段階ではない。何も知らずにただ型を動いていただけだった。力技で竹片を斬り飛ばしていただけなのだ。

一剣を携えて

一九四六年（昭和二十一年）十月三十一日、大日本武徳会が自主解散をしたが、それは連合国最高司令官総司令部（ＧＨＱ）の認めるところとならず、十一月九日の内務省令をもって解散となった。以後、日本において武道、とくに剣道は相罷り成らんということになってしまった。この禁止令により、とくに全国各地の学校ではいっさいの剣道具を焼却あるいは土中に埋めたりなどして処分をさせられた。また一般の剣道家は密かに防具をしまいこみ冬ごもりせざるを得なかった。全国の職業剣道家、武道家が転職し逼塞する中、祖父泰治は、それにはかまわず大宮振武舘道場で平然と稽古を続けていた。当然のことに、米国進駐軍が土足で踏み込み、稽古の即時中止を突きつけてきた。そんな状況に意を決した祖父は、十二月に米軍総司令部教育課長ルーミス博士、体育課長ニューフェルド氏及び埼玉県米軍司令官ライアン大佐ならびに教育課長メーイン大尉を訪問し、直談判に及んだ。このとき泰治五十一歳。

「あの時は、沖縄へもっていかれる覚悟で出向いたものだ」

淡々と述べる祖父に、このとき古武士を見る思いがした。剣というものによって錬り鍛えられた肉体と精神を持つ祖父は、沖縄で処刑されるも可とし、腹を切る覚悟でＧＨＱに乗り込んだのであった。そんな祖父の熱意が功を奏して、日本武道の諒解を得て、道場での稽古の存続は承認された。翌二十二年には米軍将兵を招待し、全国に先駆けて終戦後初めての武道大会を大宮氷川神社で開催した。剣道厳禁の体制下にあって活発な武道活動を継続する祖父のもとへ、翌年三月には文部省（現文部科学省）から石田一郎氏がやって来た。

東京丸ビル内に木村篤太郎氏（初代防衛庁長官＝現防衛省、元全日本剣道連盟会長）ほか範士六名、教士三十数名が集合した席上で、祖父は埼玉県にて剣道承認を得た経緯を説明した。そして、満場の賛意を得て、関東配電本社道場にて関東八県下剣道大会を開催する運びとなった。その後、全国剣道連盟を発足したが、ＧＨＱより異論が出された。ＧＨＱに赴くやいなや教育課長ルーミス博士およびニューフェルド体育課長に詰問された。そこに突きつけられた数葉の写真には、『軍刀に斬首』の図が歴々と写っていた。これが剣道というものではないのか。剣道を許せばまたこの非をくり返す恐れあり、と厳しい眼差しを向けてきた。同行の者たちは写真を前に言葉を失った。


あなたたちには子供の頃からベース・ボールがあるではないか。それを通じて社会におけるマナーやルール、躾けを指導、薫育していくのだろう。日本人にはそれと同様に幼児にはちゃんばら、長じて剣道がある。そこで剣というものは決して人をあやめるための道具ではなく、三種の神器のひとつでもある崇高な心、武士の魂を表しているということを教える。その心を磨くためのものが武術であり、すなわち武という文字は矛を止めると書くように、そうやって小さい時分から武術というものの本来の姿を教え込むものなのだ。……。

祖父泰治は、武術というものの本来の姿を力説してやまなかった。唇を噛んで下を向いていた同行の者たちの顔色がよみがえった。そんな説明が功を奏して、ようやく健全なスポーツとしてなら許可をするということになり、名称を全国撓競技連盟として再出発し、剣道空白を埋めることになった。取りあえず、事は成った。あとを政治家にまかせ、さっと身を引いた祖父に埼玉県撓競技連盟理事長の委嘱がきた。頼まれれば、受けた。そんな壮年期の決死の活動により幅広い知り合いがあった。その後、著した『剣術教書』に木村篤太郎氏の序文が寄せられた。

「…戦時下、古武道振興会の評議員本部講師として共に困難な時代を会務のために東奔西走した黒田君は富山藩の武術指南の名家の出で幼少より武をもって成長した。よく古武道諸流派の奥義を極め、所謂武芸百般に通ぜざる無き不世出の武人である。特に戦時、日本軍の白兵に悩まされた経験からか占領軍当局より剣道は全面的に禁止され、日本古来の武道も滅亡の運命にあった時、黒田君は単身刀を携えて埼玉県軍政部ライアン大佐及びメーイン体育部長を訪れて之れを説得し、ついで非常な努力と苦心を重ねてGHQにニューフェルド体育課長、並びに軍司令官マッカーサー元帥をして武道の神髄を理解せしめ、撓競技として剣道を存続させることに成功した。まさに累卵の危機にあった剣道も、黒田君の当時の熱意と活躍により、かろうじて命脈を保ち、爾来幾多の変遷を経て今日の隆盛を見るに至った事は一重に黒田君の功績にして誠に感謝に堪えない。…」

同じく序文を寄せた故笹森順造氏も同様に、誠に古武士のごとく得がたき人材…と記した。

まさに祖父泰治の腰には常時見えざる秋水が佩かれていたのだ。

居合術とは、この上ない難事

相手の武力を制するばかりでなく、自身の我意我慢、怯懦、粗暴乱雑を律し、行いを正し、人格を陶治することのできる武術というものは、それはすでに学問として存在する。日本刀というものを手にして、そこから至難の世界を感得することができるだろうか。とくに腰に差した場合、大柄な人でも抜こうとすると、鞘につかえて抜けない場合がある。これが出発点になる人はまだ幸せだ。小さい頃に時代劇のまねごとなどをした経験のある人は慣れによって抜けてしまうこともある。それが出発点となると素人の抜き慣れによる悪しき抜きようが基本となってしまう。

居合術とは、抜くという一点に術技が凝縮されている武術である。だが、何も知らない初めての人でも抜けてしまうのに、どこにそんな技の難しさが存在するのだ、ただの抜き慣れによる熟練だけが大きな差ではないのか。そんな疑問も大いに出るところだ。一見、抜くという単純な動作だけにその難しさがきちんと伝えられていないことが多い。だから、誰でも初めから抜けるものと誤解をする。初めは抜けなかった人もじきに抜き慣れによる抜きが可能となる。そこが出発点となる場合が現代においてはほとんどではないだろうか。

しかし、こと古伝の居合術となると、型を得て真摯にその型と向かい合えば、そこには絶望感すら抱かせられる難しさが存在することを知らされる。身体を術技的に改変しなければ到底刀を抜くことなど出来ないと思い知らされるものだ。難しさが眼に見えて型に現れている。はじめから型のとおりになど抜けないほどの難しい形を提示されれば、誰しもその難渋さを感じないものはいないはずだ。それが本来の居合術という我が国古来の伝統文化遺産なのである。

富山にあった旧振武舘道場時代には、剣術、柔術が目録になってからでなければ居合術の伝授はしなかった。しかし、その目録済の者の中でも教えを受けられなかった者も多くいたとのことである。筋の無いものには教えても無駄、という厳然たる師の眼が働いていた。本人の努力精進によって、たとえ剣術、柔術が目録の腕前に達したにせよ、その目録は通いの弟子としての位階であって、筋がなければとうてい教えても見込みの無い者には許されなかったのだ。教えても芽の出ない無駄な時間を費やすくらいなら、その分剣術、柔術をさらに磨きをかけたほうが良いということだ。運動神経などには関係が無い。筋があるかないか…、それこそが居合の世界に向いているか否かの接点なのだ。居合は人を選ぶ。そんな鉄則がかつては存在していたのである。だからこそ、今日そんな居合術を学ぼうという志を持つ方は、誰でも容易に学ぶことのできないものを学ぶのだということをきちんと弁えてかからなければならない。ただ鞘から太刀を上中下、縦横斜めに抜いても、あるいは抜けてもそれだけでは居合術とはなり得ないのだ。真の居合術に到達し得ないことを出発点にしていたのでは、本来あるべき姿としての古伝の居合術を手に入れることはけっしてない。

太刀を扱うとはどういうことなのかを教えてくれるものが剣術であり、居合術である。その太刀そのものの本質を明らかにしてくれるものが柔術である。剣が恐ろしいのは柔らかい時だけである。その本質的な剛柔を知らずに太刀を抜き始めてしまうから、多くは抜くという事の具体的難しさを型から読み取ることができずに過ごしてしまう。それゆえ形骸を稽古していてそれに気づくことができず、自己の限界を居合術の限界と見誤る弊害も生まれる。形骸化された型がそれを助長し、さらに型が形骸化する悪循環に陥る。ありがたいことに現代ではだれにでもそんな難しいことを学ぶ機会、門戸は開かれている。ゆうゆうとじっくり居合術という身体文化に取り組むことは許されているのだ。

居合術において、太刀を抜こうとしていてはいつまで経っても抜くことは出来ない。人の身体は刀を抜けないのだと思って懸かるに越したことはない。抜いて抜けないのだ。座構えが至難である。それをまず理解しなければ居合の稽古は始まらない。それが居合術の第一歩であり、そのことを知り、明らかにするための稽古が居合の道である。

柔らかい剣

剣術、居合術には柔術の意味での柔らかさが大事であると強調してきたが、その柔らかさはくり返し言うまでもなく即物的な身体の柔軟性を言っているのではない。順体法という基本であり極意に通ずる身体運動理論があることから当然のことである。その一般的な柔軟性とは異なる「柔らかさ」という一点がなかなか理解不能なのだ。稽古を通じて見えざる厖大な情報を読み取れる心身を獲得して、初めて身体が理解できることなのだ。別の言葉で表現すれば、本質的な柔らかさということである。では、その本質的柔らかさとは何なのだ、と、また堂々巡りをするしかない。すなわち、稽古、修行、鍛錬という世界においては結局、以心伝心、体得するしかないのである。と、これはわたくしの不愉快な世界に逆戻り、堂々巡りがここでも起こってしまう。そんな鬱憤、不満を絶えず心に抱きつつ、どうしたらそのように、あのように、そんなふうに、動けるのか、なれるのか…と、型を見つめ続けてきたら、その見つめ続ける時間に応じて型が伝えよう、教えようとしていることが理解されてきたのだ。それは、まさに祖先、先達が教え伝えようとしたことが眼の前に、遙か以前からそこに輝き続けていたのだった。

実際、柔らかい剣などありはしない。見たとおり冷たい光を放つ芸術品でもあり、武士の魂ともされた伝統文化としての刀剣という物質がそこにあるだけである。そんな刀剣を、どのように扱うことができれば術と呼べるのかということについて、現代の言葉でその一面を表現したに過ぎない。それは勿論、剣の術、居合の術という今日からすれば異次元、あるいは超難度の身体技芸について、説明、解釈を重ねることとなる。

冷たい光…と述べたが、いやそれは暖かい光芒とも言える。冷たくも有り、暖かくもあるその両面性は即、次のことをも表している。殺人刀活人剣…。いやいやそんな感覚的表層的な観点だけで捉えるとすれば、そこに救いは見いだせない。武術という限界を自ら認めてしまうことになる。そこからはけっして三位一体の武術的身体は生まれない。

そもそも現代の振武舘黒田道場における、家伝の武術の型の見直し、手直し作業は当然のことながら、その真意を探るという一点のみであった。つまり、型を生きたものとして稽古をしたいということである。受けを取らない受を型どおりに崩し、投げること、斬ることがどうすればできるのか、という単純な意図からである。なぜ祖先、祖父、高弟たちが及びもつかぬ技を身に付けることができたのか。そんな技の稽古（修得）法を見つけ出したいという思いから日々の研鑽を重ねてきたところ、思いもよらぬ

一本目「真之太刀」

道が見いだされた。人を殺傷する技術でありながら、武医同術と古来より言われてきたことからもさらに隔たった別の世界を知ることとなった。

武術の型を学ぶという意味は、今日の振武舘においては、本来の自分自身とは何なのだということ、つまり父母未生以前の自分自身を知るために型を修行するということにつきる。

その眼目は型の構えを正しく知るということに尽きる。それは身体を型に嵌め込むという修錬から始まり、その過程で見えざる彼我の情報の獲得を増大していく営為なのである。

そして、柔らかい剣という、何もないものを使うという意味は何なのだ、そこにいる自分自身はいったい何なのだという意味を明らかにしうるものが、武術というものだとわたくしは理解するようになった。

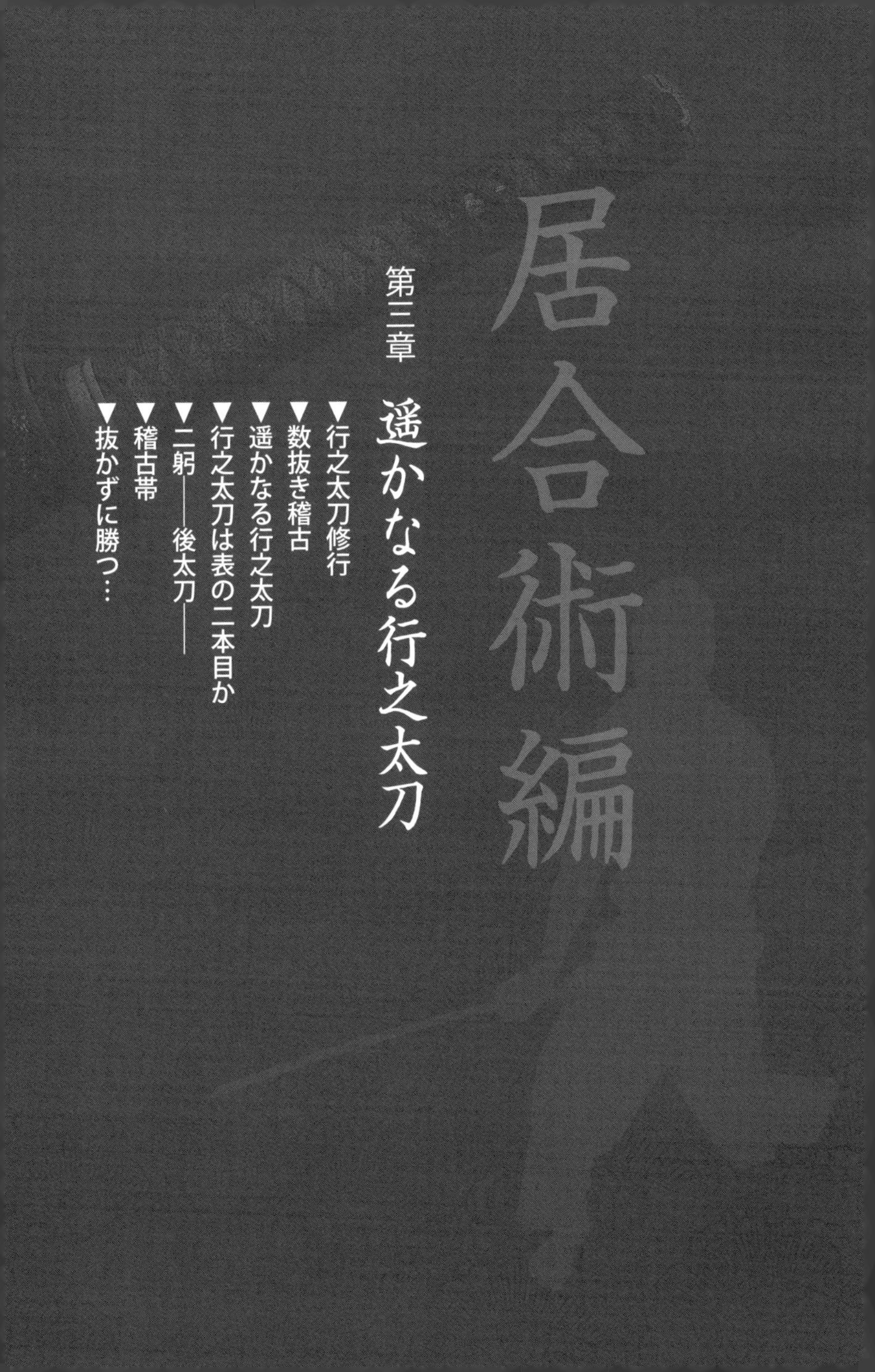

居合術編

第三章　遥かなる行之太刀

▼行之太刀修行
▼数抜き稽古
▼遥かなる行之太刀
▼行之太刀は表の二本目か
▼二躬——後太刀——
▼稽古帯
▼抜かずに勝つ…

行之太刀修行

大学の一年も終わる三月の末、東京郊外のある道場開きに招待を受け演武をした。剣術は、今とは比べものにならぬほど固い稽古をしていたせいか、かえって即物的な速さが眼に付いたようで受けはよかった。演武を見た子供らが昼食時さっそく外で「カイシンリュウー」と声を立て、高波の構えを取って遊んでいた。居合もそのとき自分としては、まあよいかと許せる程度であったが、実は切附を抜いた時、左手を柄に添え損なった。いま振り返れば、居合の何たるかを知らないから出来た失態であった…。子供の頃に抜いていた居合の型という感覚から、べつに特に難しいものなどとは意識したことすらなかった。帰途、祖父に一言叱責を受けた。弟子に対する例の手厳しい雰囲気に近かった…。たしかに切附の不満足に心が引っかかっていたわたくしの胸に、その言葉はぐさりとささった。未熟、不鍛錬なくせに自惚れていたわたくしの居合は、居合ではなかった。

その無様な居合の演武がわたくしに居合の稽古を再開、集中させるきっかけとなった。いや、再開などとは烏滸がましい言い分だ。初めての居合術修行開始であった。ひとり、稽古の前に道場の雑巾掛けをはじめたわたくしを見た祖父は驚きの嬉しさを見せた。例の冗談まじりの笑顔で…。

真之太刀からのやり直しである。いいも悪いも分からずに抜けた。行之太刀に移る。これはいけない…。明らかに太刀が抜け出る前に、切っ先が鞘にひっかかる。鯉口の手前で引っかかる。何となく抜けてしまう手応えの曖昧な稽古よりも、こちらのほうが欠点を明確に教えてくれる。くり返し抜くことに集中し出した。当時のわたくしの愛刀はなまくらの軍刀拵えであったが、その金属製の鞘は、よくわたくしのなまくら稽古に耐えてくれた。切っ先の三つ角の部分が肉眼でも分かるくらいすり減って丸みを帯びるほどであった。

　祖父は鞘を送るのだ、としか注意をしてくれない。わたくしは鞘を送った。むきになって鞘を左腰へ引いた。数本抜くともう袴が左へずれてくる。それを両手でぐいともどしては、また抜き続けた。左へひだりへとまわる袴と格闘しながらの居合であった。そのうち腰に巻いた兵児帯《へこおび》がすり切れ始めた。広げてかざすと無数の小さな穴が星空のようであった…。同時に袴の裾もすり切れ、膝がぬけ、何枚かをだめにした。ある時、擦り切れた袴の裾の切れ端がぶら下がったまま稽古をしているわたくしを見た祖父は、昔の稽古人は自分でほころびや傷みを丹念に繕い、稽古に遺漏のないように心がけたものだと諭した。当時のわたくしは、面倒なりと、その僅かな切れ端を引っ掴んで引きちぎろうとした。だが、その切れ端はそこで千切れてくれずにどんどんと袴の裾の周囲に沿って延々と切れ始めた。結局、一周して切れ終わった…。片方の裾が短くなり不揃いとなったが、それもいつの間にか、もう片方も同じ運命をたどり、同じ丈になっていた。

　そんな稽古により、抜けば抜くほど、抜けないという現実が我が身体を覆い被さるようになった。幼い頃、「教えられたとおりに」抜いていた自分はどこへいってしまったのだろう、などと考える余裕すらなかった。いや、そんな幼い自分はいまの自分より当然劣っていると思っていたくらいだから、そんな気持など起こりようもなかった。抜けないから抜くという一点のみである。習慣的惰性としか感じられないほどの無気力感であったかもしれない。道場へ出て座る。毎日抜いていて体の芯が疲れる。運動をして大汗をかいて疲れるのとは少し違うようだと感じた。座構えから瞬時に立ち上がる、いや居合腰へと変化をする。その繰り返しだ。慢性疲労感の身体を引きずりながら、よく飽きずにやっていたと思うが、当時はこの「抜けない」という強迫観念とさえ言える一事によってわたくしは動いていたのではないかという記憶しかない。今日のように稽古がおもしろい、楽しいなどという状況ではない。ただただ、ひとり道場に座り続けていたのである。

そんな稽古で、折り敷いている左足の甲と外踝に胼胝《たこ》ができた。そのせいで拇趾が痺れるようになった。その甲の部分が擦りむける。祖父に言うと、道場の床のほうが擦りむけるようでなければ駄目だと混ぜ返す。融通無碍の境地の武術家とはこんなものかと惚れ惚れするだけだ。たしかに洒落と言えるほどの知的な冗談は、わたくしなどには得がたい才能、財産のように思われ、憧れる。いやいや、祖父の時代には実際に自身の太刀に頭を下げてお願いし、道場の床がすり減るほど座って、座って座り抜いて稽古を重ねたのだろう。我が足らぬ稽古に返す言葉もない。

この当時の日記を繰ると今に記憶が残っていることがだいぶ漏れ、記憶に残っていないことが書かれてある。ちょうど記憶に漏れた隙間を日記が埋めているという感じである。稽古に関する記述を拾ってみると、少しずつ日を追って祖父に型を手渡されている様子が見えるが、防具を着けた竹刀稽古に関する記述が大半を占め、現在読むとまことに目障りだ。型に関して理論めいたことは、当然ながら何も記述がない。稽古した本数や時間が記録してあるのみである。その他、稽古が固いということ、出来ないということ、そのできない自分をののしる言葉がくり返されている。

数抜き稽古

この年（一九七〇）の夏の稽古で秋に入って大きく体重を落とした。と言っても一日に恥ずかしいほどの本数しか抜けなかった。この年、初めて京都へ行くというので、演武の際の紋付に慣れるように、稽古着の上にさらに代用の浴衣を羽織った。窓も開かず、風通しのきかないトタン屋根の旧道場では夏期日中の稽古は難渋をした。そんな状況のおり、祖父は、ひと型一万本も抜けばいくらか恰好になる、と曾祖父が言っていたと例の笑顔でひと言、冗談指導…。剣術、柔術でやっと目録を許された者の内でもさらにその曾祖父から居合の素質有りと認められた果報者だけが学ぶことの出来た居合術である。そんなことは耳に流し、汗に濡れた稽古着を日に何度と替えながら自分の稽古をするしかなかった。刀はいくら手入れをしても一晩で錆を吹いた。その錆落としも日課となった。

そんな強情我慢の雑な数抜き稽古をするわたくしを見た祖父は、五本も抜いたら脂汗をかくような精神のこもった稽古をしなければ駄目だと諭した。だが、不明愚鈍頑迷なわたくしは、たしかに祖父の言葉は稽古上達のかけがえのない指導注意であると思いつつ、自身の強情我慢に振りまわされ、わがままな稽古しか出来なかった。この指導は現在思えばありがたいことに、そのような稽古もすべきであると、次の段階への注文をつけてくれたのだと頭を下げるのみである。だが祖父自身、若かりし頃は、抜いた、抜いた…と言うほど、どれほど抜いたか分からぬほどの稽古量を経ていた。わたくしにとって、自分が納得していないうちに次の段階の稽古を要求されても、それは困るではないかという心境であった…。

居合の数抜き稽古は古来より、流祖、先達数知れぬ修行者が命を懸けて精進していることは周知の歴史である。近年では現代居合道の祖中山博道師も書き残している。

「著者博道のごときも四十日あまりも身体を慣らして、充分準備をしてやって一昼夜二十四時間にようやく一万本だったのである。この一万本だって、並大抵の者にはできた技では無いのである。云々」(太田龍峰著『居合読本』所収)。

数抜き稽古の時節は寒中のほうがよいようだ。わたくしの場合は稽古に集中し出してから、夏に頂点を迎えたため、いかんともしがたい結果となった。いや、数値的にというだけのことで、とにかくこの集中稽古はわたくしの身体を変革し、今日のわたくしを導くに充分であったことは確かである。

そんな稽古を通して、古人先達の命懸けの稽古である一昼夜一万余本、七日間参籠、十七日間参籠して十一万余本あるいは十二万余本の奉納額が林崎居合神社には遺されているそうだが、現代医学から見てもそんな人間離れした難行ですら、素直に信じられるようになった。いや、わたくしはそんな業績を初めから信じて疑いもしていなかった。僅かながらも稽古をしてさらに当然のことであったろうと確信したに過ぎない。

遥かなる行之太刀

表の型では向掛を除いて前段階の修行としては、行之太刀以外は、どれも同じように抜けてしまうため、それぞれの具体的難しさが分からなかった。毎日、行之太刀を抜くわたくしを、祖父はときおりの指導以外は何も言わずに稽古を見て、部屋へもどる。そんな祖父を見た父は、居合であれほど口うるさい祖父が黙って稽古を見ていたのは、わたくしだけだと言った。下手ではあったが、駄目ではなかったのだろう。

祖父の部屋で晩酌をいっしょにやるようになった頃、わたくしが生まれた時、握っている拳が大きかったので、こいつはものになるかなと思ったと聞いた。そんな言葉は運動が苦手なわたくしにはとてもうれしかった。祖父から子供時代のことや修行中のこと、青年時代のこと進駐軍と渡り合ったことなどいろいろと話を聞いたのもこの頃のことである。おとなの弟子たちに混じって、バスで進駐軍の慰問に行ったことは幼児の記憶として残っている…。

行之太刀は、座構えから浮身をかける第一動作のとき太刀の柄頭で半円を描いて右腰へ取る。腰は捻らない。同時に右手も上から半円を描いて柄に添える。このとき同時に鯉口を切っていた左手拇指も外す。すべてをひと調子に行うと、この左手拇指の動きは消えて見えない。浮身の終了とともに全身体は完全静止。太刀は腰と平行に横一文字となる。

左足を右足に踏み揃えて低い腰構えに立ち上がるとき鞘を送り、太刀を後方へ引く。すなわち右手は前後方向の直線に抜く。多くは左手の送りが遅れる。遅れれば居合の術技から離れる。左手左腕を後方に直線に引き寄せる働きは胸、背の働き、とくに肩甲骨の働きによる。直線の働きに支えられて抜けた太刀の切っ先は、離れのときはすでに前方を向いている。前後に縦方向の抜きだから当然である。大概

二本目「行之太刀」（正面より）

二本目「行之太刀」（側面より）

は左手左半身が働かず、意識が右手に働くため横の抜きとなり、居合術之型としての意義を失う。

真之太刀同様に右手で抜かないと観念しても、人の体はそう簡単には理解せず、動いてくれないものだ。頭でどのように動けば良いのかということを理解できても身体はその神経筋肉の働きが再構築されないかぎり、思った通りになど動くことはない。つまり、浮身を懸ける第一動作をいかに行えばよいのかということは理論として理解できる。只そのようには動けないだけだ。受を付けて、その動作が受に当たるか当たらないかを検証してみれば、いかに至難の身体操作であるかを理解することは容易い。

浮身をとって腰を上げる時、まず腰が折れ、左膝に重心をかけて立とうとするのが一般である。これは生死を懸けた場ではまったく使いものにならない。すでに立って太刀を抜いて斬撃を加えようと、こちらの隙を窺っている相手には対抗し得ない動作である。このような一般的な動きでは、受にぶつかり、腰を上げることとすらできない。もし、体力的に出来たとしても何の価値もないことは自明である。すでに斬られているからだ。

抜刀に際して、右脚はまだ斜めの体勢で立ち上がる気配はない。それが浮身の本体である。そこから上体を起こせば抜刀は完了する。一般的な両腕を主体とした運動で太刀を抜けば、脇があく。左手も消えず、離れも生まれない。抜きそのものがまる見えとなる。そんな普通人の運動を変革して初めて術の世界が表現されるのだ。駄目な動きから早く下手な動きになりたいものである。

それまで鞘の送りと共にすぐに袴が左へずれるほど左手の鞘を送り続けていた。この送りを消すことは容易なことではない。そんなことを知ったのはずっと後のことだ。今からすれば、手を使うこと甚だしい抜きであった。

鞘は手で以て引くものではない。柄も右手で以て握るものなどではない。刀にしてみれば、いつ両手がかけられたのか分からぬほど柔らかく静かに添えられるべきものなのだ。体捌きそのものによって身体手足が変化をすることにより、手を使って抜くよりも、速い見えざる抜きが完了する。いや、これはもう抜いてなどいないのではないか。先に述べたとおり一般的な「抜く」という身体操作はそこには存在していないのだ。それゆえ、鞘を引いて引かず、送って送らず、腰を落として落とさず…、型に関しての諸注意はすべからく、かくのごとくになる。そして行き着くところは、抜くな、引くな、立つな、座るな、…となってしまうのだ。

行之太刀は表の二本目か

初め祖父は、受が柄を取りに来るのを躱して抜き付けるのだと教えた。そういう型であるか、と納得しそのつもりで抜いていた。柄に手がかかった時、太刀はすでに抜けていなければならぬ、という教えとは結びつかないまま、そんなことに気づきもせずに稽古をしていた。

ある時、斜刀などの逆袈裟の太刀筋は各流派における極意の太刀筋となっているが、やはりそれに対抗し得ないのだろうか、と質問をしたことがある。

すると祖父は笑顔でこう言った。やや切っ先を立てて瞬時に「行」に抜けば、相手の太刀は上へすべって万歳をしてしまうから、そこを突けばよい、と。

思いもよらぬ答えに、一瞬驚いた。行之太刀はそんなに速い稽古なのか。では、そんな鋭い抜き付けをあしらう行之太刀を、さらに覆す斜刀、極意の太刀筋が当流には別に存在するのか、と欲張った夢を抱いた。こんな考えが型を形骸化するのだ…。

祖父のこの一言で、わたくしは型を形骸化していることに気づかされた。いままでの行之太刀は初歩の手順としてのものであり、その固定観念のまま化石化した死物であった。ゆっくり正しく動けるから速くも抜けるのだと言われる居合術である。柄を取りに来る手が斬り付ける刀に変わったらその速さに応ずればよいだけのことだと理解したのは、このときであった。

逆袈裟の抜刀に対する祖父の行之太刀は、型により身体の理論化を得た人にして初めて可能な、型から離れた行之太刀ゆえ日常における緊急瞬時の回避行動として生きるのだ。それはいかようにも抜けるようになって、またはじめて型が生きるのである。この祖父の「行之太刀」の話を聞けば、修行中の者にはいま稽古をしている個々人の「行之太刀」が頭に浮かぶであろう。それこそがまさに形骸としての行之太刀なのである。修行途上の者が身に付けつつある行之太刀を、話に聞いた状況で使える太刀と思うほど生兵法、思い上がりも甚だしい。まず身体の理論化、高度な術技の獲得を専一に学ばなければならない。守破離というがごとく、それはまだ居合の術技的な側面を学んでいる段階であって、居合の本旨ではない。

居合とは人に斬られずひと斬らず、
　ただ受け留めて平らかの勝ち

居合とはヘチマの皮のだんぶくろ、
　すっかりとして身はどっちゃら
居合とは己の心に勝つばかり、
　人の非を見てひとにさかうな
抜く刀抜かずに勝ちのあるものを、
　抜きて斬るとはおくれなりけり

……等々、
得道歌、術歌などきりがない。各流各派に伝えられるそれらは術技を追究し、型とひとつになって初めて実感、体感できるものだ。それらのありがたい教え、得がたい教えをいつまでも抽象論、観念論として読んでいてはならないだろう。

爾来、わたくしは型を手渡す時は、そんな理合については説明をしなくなった。只型の動きを動くことに集中するのみとなった。問いに対して祖父の答えた行之太刀は、形は行之太刀であっても極意として反応したものである。まさに居合術の特徴のひとつでもある、急変に応ずる典型であった。そのためにこそ型々を学んだのである。あんな場面、こんな状況を想定した実戦の雛型として型はあるのではない。理論としてのみ、その存在意義を有するのだ。居合術を学ぶに際し、型を理論と看做すだけで、そこからの稽古の次元、道程は大きく変わるのである。

二躬《にのみ》――後太刀《あとだち》――

かつて、警視庁で各流派から選定した警視庁流居合というものがあった。浅山一伝流、神道無念流、田宮流、鏡新明智流、立身流から成っていた。各型の説明に眼を通せば、今日見られるものより型の説明が詳しい。それぞれの型が生きているように感じられる。その理合には、後太刀の説明に「刀を左より大円を描くごとく頭上にし」後太刀を打つ、と書かれていた。それが歴史の流れの中で形骸化が一段と進み、一つひとつの理論を失ってきた。今日では、太刀を円転させるより直線に操作したほうが合理的だという単純明快な理屈がまかり通るようになった。

後太刀（二躬）についての廻剣理論は剣術編などですでに述べた。曾祖父の正郡の時代は、この素振りに三年をかけさせられた。抜き付けた太刀を即座に返して後太刀を打つが、居合においてはこの発剣と二躬しか術技はない。その二躬、いわゆる後太刀こそが理論としての廻剣なのだ。抜き付けた太刀を即座に返して斬りつけるには、太刀そのものが往復あるいは前後上下などの直線運動をしていたのでは、とても一つの運動として機能するはずがない。これを「左より大円を描くごとく頭上にし」輪の太刀に変化をすれば腕の運動はあくまでも直線でありながら太刀は円転してひとつとなる。発剣二躬は一体陰陽通儀なり、と言われるがごとく、その型がひとつの運動を表す。抜き付けられた太刀はその前後、高低、位置に関係なく円転するため太刀筋に淀みがない。しかもその円は直線運動に支えられた太刀筋としての円であって、身体運動としては最短の動きで行われているのである。太刀そのものを手や腕で円転させれば腕の運動は滞り、とうてい技にはならないことは古人が証明済みだ。真に輪の太刀だからこそ魔の太刀なのである。

振武舘黒田道場では、剣術の素振りを稽古することは居合術における二躬、後太刀そのものを稽古することになり、居合において後太刀を稽古することは剣術の斬りそのものを稽古することとなる。その刃筋を整えるものは身体であり、身体で刃筋を通すことが抜き付けに通ずる。そして、その抜き付けそのものが困難を極めるのが居合術である。

稽古帯

民弥流では稽古、演武を問わず袴の上から柔らかな帯を着用する。兵児帯ないし稽古専用なら柔道の古帯でも細紐でも革紐でもなんでもよい。これは、あくまでも型の術技そのものを修錬することに眼目が置かれているためであり、実戦、実際を想定していないからである。元々、型自体が実戦を想定していないのだから正式な武士の服装（と言っても時代、四季折々、状況により様々であるが）などには拘束されない。型にもよるが、大小二本差しでは行之太刀など稽古に差し支える。

往時、日常が和服袴の時代であっても当振武舘では、稽古袴は脛丈の短いものに着替え、上着も袖は肘までの長さのもので稽古に励んだものだ。居合における袴の上に巻く帯は普通より緩い。それが稽古と共にさらに緩む。その緩さに負けると手が動き、体が死ぬ。緩い帯は稽古がきつい。きつい帯は稽古がゆるむ。

抜かずに勝つ…

先年（一九九八）米国テキサス州サンアントニオ市にある私的な剣道クラブの方々に招かれて短期合宿を初めておこなった時のことである。説明の成り行き上、つまらぬ見世物だが相手に木刀を上段から随意に打ち込んでもらった。こちらは帯刀のままそれに対処するというものだ。ひとりずつ順番におこなったが、いずれも相手の木刀がこちらに届く前にわたくしの太刀が先に斬っていた。一番年配のひとりが、それは拳銃の早撃ちと同じで、一定の距離があるから出来ることではないのか、と質問をしてきた。そこでわたくしは彼の眼前に立った。結果は同じことである。そんな稽古、いや見世物芸は、相手が素早く打ち込もうとして力めば力むほど対処しやすくなるものだ。いくらか剣道の経験があるとはいえ、まだ打ち突くことのみの稽古だけでまったくの素人である。いくらかでも読みが出来るようになれば、不用意には手を出さない。いや、出せなくなってくる。

今日では、多くの弟子たちはそんな環境で稽古をしているため、上下はあるにせよほとんどの者が彼我の状況の変化をつぶさに察知することができる。手を出せば自分が斬られるという直近の未来を察知するため、その場から回避あるいは防御姿勢に変化をする。こちらは静謐を保ったまま動かずに構えを保持しているだけだ。それを無視して無理やりに打ち込めばさきの人たちと同じく自分の太刀が届く前に斬られるだけだ。それが判断できるからこそ、打ち込むどころか、反対に斬られる位置から少しでも回避しようとする。が、その間にいたのでは太刀の長さ、身体の変化等を含む斬撃の範囲内からは到底回避することは不可能だということも明確に理解できる人たちが育っている。

型の世界とは言え、人はひとの身体の状況やその空間の状況を、眼に見えるもの、見えないものを含めて大きな判断材料とすることができるのだ。

新宿駅劈頭でバットの殴打事件があった。その日、振武舘の婦人部の数名が食事帰りに犯人とすれ違っていた。彼女たちは前から来る犯人を遠目に見た瞬間、〝異様な気味の悪さ〟を感じ、脇にそれてやり過ごしたそうだ。そしてその通り過ぎた人物の不気味さについて話し始めたとたん、後方で暴行騒ぎが起こった。振り向けば、大惨事が起こっていた…。

大勢の人混みの中、婦人たちはこの犯人を見て異常と感じることが出来たからこそ、そんな大惨事に巻き込まれなくてすんだのだ。犯人はこのとき誰でも弱そうな人間を撲殺したかったと言っていた。中年の婦人が数名ひとかたまり、まことに恰好の標的ではなかったか。とっさにバットの殴打を躱し、何事かの技を施し、警察官が来るまで犯人と格闘あるいは取り押さえることなど、稽古を始めたばかりの婦女子に誰もそんなことは期待していない。各種色とりどりの技ができるなどということよりも、命に関わるような危険を未然に察知して回避できたことがいかに大事であることか…。

居合術編

第四章

手ヲ以テセズ足ヲ以テセズ

▼振武舘の正中線
▼見学とはこれ如何に
▼順体の抜き付け——手ヲ以テセズ——
▼無足の法——足ヲ以テセズ——
▼振武舘における最大最小理論

振武舘の正中線

総論編（『気剣体一致の「創」』に収録）でも述べたとおり、古伝の厖大なる遺産の中のひとつに身の規矩によって生まれる正中線という大事がある。

ところが同じ武術、武道の世界でもそれぞれに複雑な身体基準があるらしい。そこが流儀流派の差異とも言うべきか。そうなると何も知らぬ一般の方に振武舘でいう正中線との違いを認識していただくためには表現を変えて差別化でもしなければならないか、と思案したことがある。正中線変じて西中線、掣肘線、誠忠線、聖中線、いや性中線はどうだ…。いや、これは恥ずかしい雰囲気だ。ではどうせなら恥ずかしついでに精虫線ではどうか。これならいかな「せいちゅうせん」とて大いなる違いを悟っていただけるかも知らんと思いつつ、ふと我に返り赤面しつつもあまりの浅はかさに涙の出る思いだった。

もともと一般人の眼には見えないものについて、その違いを名称変更で表すこと自体面妖である。正中線にせよ自然体にせよ、わたくしはひとつのものとして認識したい。だが、現状ではそれはあまりに紛らわしさを遺すことになる。しかし、大仰に文字を変え新語、造語を創作するのも胡散臭くて憚られる…と、はたまた堂々巡り。その一瞬、頓開茅塞、豁然開朗。振武舘の、という枕詞を正中線という語の前につけるだけでよいではないか。これで脳裏に精虫うずまく一時の気ふさぎもふきとんだ。

見学とはこれ如何に

そんな見えざる厖大なる身体文化としての武術を学ばんとして稽古に汗している我々に、時折、見学の問い合わせがある。何を見学なさるのか。見て学ぶというからにはそれなりの下地がおありなのだろう。あるいは我以外すべて師、何を見ても勉強という態度で臨むならそれもよいだろう。

道場における見学というものを、わたくしは狭義に捉えて対処させていただいている。その観点からは、少なくとも同質同次元のことを勉強している人間において初めて成り立つものだ。従って、それが門人以外の者となれば、なおのこと流儀の秘とするところをお目にかける訳にはいかない。

昔から道場には注連縄が張り巡らされており、ひとつの神聖な結界をなしていた。祖父は年末やそれが古くなったときなどよく張り替えていたものだ。そして命懸けで稽古に励むことを神に、心に誓って礼式をして道場入りしたものだと言っていた。そんな神域、そんな人々の集う場所へ見学と称して座に着くからには正装正座、それ相当の覚悟のうえで訪れるのかと思いきや、こちらの思いはどこ吹く風、多くは現代運動競技施設やカルチャーセンターでも覗きに来るような物見遊山と言い換えてもよい。いくら何でもこれでは真摯に稽古に励んでいる人間に対して無礼ではないか。現代では昔と異なり多くの流派が演武を公開し、出版物や映像資料なども公にしている。振武舘黒田道場の諸武術も著作物や映像資料等で公開してきた。この上さらに、今更見学とは鬱陶しく、煩わしくてやりきれない。自分の稽古もしたい。見学者に説明解説などする時間が惜しい。どうかご勘弁を。と、いうことで見学お断りを申し上げている次第である。

と、以前はお断りをしてきたが、現在は見学を許可している。敗戦後の日本人が大きく変わり、その人々でいまの我が国が成り立っている。教育が大きく方向転換させられて、今日に至った。変わってしまった人間を、急に正装正座に変えることなどだれも出来ない。この世で一緒に稽古をすることのできるご縁のある方は見学不可であろうとなかろうと確かに師弟の縁を結ぶことができた。そして、ともに稽古を愉しんでいる。しかし時折、そんな門弟たちから入門に際しての緊張感などを聞くと、それならば一般からの見学をしたいという希望をもつだけでもそんな志をありがたく尊重し許可することとしたのである。

順体の抜き付け――手ヲ以テセズ――

祖父にこう抜いてごらんと注意を受けたある弟子が「こう抜いて、こう斬るんですね」と答えて太刀を抜いて、斬り付けた。その場で一緒に稽古をしていたわたくしは、それを聞き咎め即座に注意をした。いま祖父は何と言って注意をしたか。こう抜いてみろとのみで、斬ってみろなどとはいっさい指導していない。言葉尻を取っての揚げ足取りではないか、動作そのものは同じではないか、などとはけっして言わせない。二つの動作として稽古をしていたからこそ、抜くというひと動作に集中せよと注意した

手ヲ以テセズ

定法どおりに静かに太刀を抜けば、受の制御になんら関係なく、正しく太刀を抜き、斬り付けることができる。

のではないか。そもそも自分の稽古が見えていないから、そんな反駁をしたくなるのだ。祖父の太刀は、言葉が終わると同時にぴたりと静止していた。斬っただけなのだ。抜く動作そのものが斬り付け動作でなければならないことを注意したのだ。人というものは、このように自我が中心となってものごとを見たり聞いたり判断したりしている。「抜いて斬る」のと「斬り付ける」（あるいは「抜き付ける」）のとでは大きく次元が異なる。どちらの言葉に従って稽古をしても同じなら、こんなことは言う必要もない。再度、素直に稽古をするということに思い至って欲しいものだ。大事な教えを受けていてまったく聞いていないも同然である。上達するということはどういうことなのかを深く見つめていただきたいものである。

右手を使えば遅くなる。その右手は斬り落とされる、と古人は厳しく戒めている。右手で抜くな、という命題から居合術は出発したのだ。右手で前方へ抜き出している以上、そこに居合としての術は生まれない。手を使うな、という命題は剣術、柔術を問わずすべてひとつである。武術はひとつの理論で統一されている。人に斬られぬこと、人より速く動けること、強いこと、負けぬ事など目的はそれぞれであっても、そのためにはどのように動けばよいのかということを突き詰めていけば、ひとつのものに到達する。そのひとつができなければすべてが出来ない。そのひとつに到達するために柔術があり、剣術があり、居合術がある。

無足の法──足ヲ以テセズ──

　足捌きに関しても同様である。前述したとおり、居合術における浮身はまさに柔術でいうところの無足の法に同義である。足ヲ使ウナということである。座構えという構えは足を否定するからこそ成り立つ構えである。足の否定により初めて安心して、立って太刀を振りおろさんとする相手を前にすることが可能となるのである。足を使うことなく体捌きが可能となって、すでに立っている相手と対等になれるのだ。座った状態から立ち上がるという一般的な運動を排除、あるいは転換した動きそのものによりいきなり抜刀の動作が起こるのである。そこには立ち上がりつつ太刀を抜くとか、素早く立ち上がって同時に抜くなどという動き方は存在していない。それこそが居合の術というものである。そこから日常動作、立ち居振る舞いの中でも自由に危急の災難に際して臨機応変の太刀捌きが可能となるのである。

　足を使うなとは言い条、それはいままでの悪しき日常的な使い方を変換しなければならないという意である。日常一般的な使い方では不充分だからこそ、もっと下腿諸筋を同時複合的に十二分に働かせる必要があると伝えているのである。その運動の仕方を、我々は型という合理合法的な鋳型の中で創り上げる方便を守っているのだ。

足ヲ以テセズ

無足のかかった歩き方の術者をとどめようとした受は、腰が崩される。

振武舘における最大最小理論

すでに柔術編（『創』）、剣術編（『改』）の中で、その都度項を設けて述べたが、ここで、もう少し説明を付け加えておきたい。

まず、これは型から導き出したわたくし独自の運動理論であるということである。

ひとつの動作において身体を最大限に動かすことによって最小の動きを得る、というのが最大最小理論の論旨であるが、このような簡略な説明、定義からは型を知らぬ人にはやはり誤解も生じるようだ。知らないこと、出来ないことは自分に理解の出来る範囲で解釈をしてしまうという通弊がある。言うまでもなく、この理論は、ある瞬間に最大のエネルギーを発揮して、最短の距離で済ますこと、とするものではない。力の絶対否定という大原則を、それこそ絶対に忘却してはならない世界である。エネルギー云々は最大限に身体を働かした結果として「得ることも」できるという一面にすぎない。つまりそこには等速度運動というこれも絶対的な原理がある。加速度的に大きな力を得ようとする世界ではないのだ。力は目的、目標にはなり得ないのである。すなわち、ここではゆっくり静かに動いて稽古を行うことが可能なのだ。しかも、それは最速の動き方として存在するものである。我々は剣の世界における身体の高度で細やかな働きを学ぶために型を学んでいるのである。

廻剣素振りから最大最小理論を学んできた。そして型に入れば、まさに順体を規矩とした手足の運動を学ぶこととなる。ひと動作の中で最大に身体を働かせたうえで、いかに手足を最小限最速に動かすことができるか。そして、その身体手足が最大の距離を移動、変化し、なおかつ斬撃においてはその動きが相手に見えない状態であるかということが理論の骨子となる。

往時の武士たちは、最大の運動量を得るためというよりも、少しでも相手より速い動き、さらには相手に察知されない動き、すなわち消える動き、気配のない動きを手に入れるための動きを型として伝えたのだ。

斬撃時の動きを例に取ってみてもその特徴がよく分かる。最大の運動量を得るため身体は半身から半身へと転身する。そのうえ半身の構えゆえ、相手に対して防御の面からも最小の面積しか見せないという利点も含まれる。この半身から半身へと変化をして刃筋を通すための斬撃ということを考えれば、同様にこの動きにも利点が重なることとなる。輪の太刀に受け流した太刀を保持する両腕は、そのまま動かさずに半身へと変化をする。この時、左右の手は最小限の操作のみで左手は柄頭へ滑るのみである。右半身へと変化する時、この両手の変化が一致することにより刃筋は通り、相手からはその斬撃が見えない。

いま述べたように、ここには両腕の上下運動による太刀の打ち込み動作はない。それゆえ、そこにあるべき打ち込み動作が無くなり、体捌きそのものによって太刀は直接相手の面前、頭上へ到達することから、「消える」斬撃が生まれる。そしてこの半身から半身への一八〇度の最大限の転身に際して、俯瞰しても正面から見ても身体が回転していないということが重要であり、大事な稽古の眼目ともなっている。つまり、左右の両肩、つまり左右の胸が直線的に前後に開き、移動変化をしなければならないということである。弧を描くより直線のほうが、短く速いということは、容易に理解されることだ。この

消える斬撃

半身から半身へと変化するが、身体は回転していない。

直線の体捌きが備わると両肩が左右に膨らんだ円弧を描くのとは大きく異なり、稽古着の下で働く直線的体捌きは、ここにおいても動きの消失を起こすこととなる。もちろん、相手から見て、半身から半身へと変わる際の正面に隙は発生しない。

無駄な動き、余計な動きが何であるかが理解されて、正しい動きを求めることも出来るのだ。正しい型がそこにあるからこそ、修行の大半は構えを正しく知るということに全力を尽くすのみである、ということも言えるのだ。それは真の型があってこそ理解の出来る世界である。

居合術編

第五章

鞘を腹で割るように抜け

- ▼鞘を割るように
- ▼斬り手
- ▼素振り二千回

鞘を割るように

行之太刀の発剣において、祖父泰治は、鞘を腹で「割るように」抜くのだとも言った。

しかし、本当に鞘を割ってしまうようで、とてもそんな気持にはなれなかった。初めてそんな教えを受けた時は、どうやってそんな感覚が出てくるのだろうと驚き、畏れるばかりだった。もし、逆袈裟の一刀を行之太刀で躱すことの出来るような体捌きができれば、そんな感覚を持てるのかも知れない。そこには稽古で鞘から木屑が出ることは、恥ずかしいことという気持もあった。祖父の鞘からは何も出てこない。それが当たり前だと思っていた。それくらいだから鞘を削らずに美しく抜くことの難しさゆえ、とても信じがたい教えとしか感じられなかったのだ。

当時、わたくしの周囲には僅かに五、六人の成人が居合を学んでいた。勿論、祖父の指導時代には居合そのものを学ぶことの出来た人はわずか、それも演武などの機会に、その場に応じて形を教えられた程度である。後年、祖父から、居合を正規に系統立てて教えたのはわたくし一人だと聞いて、無上にうれしかった…。

その当時の弟子たちは、数人が鞘を割っている。いきなり鯉口手前で割った者、稽古の中で次第に鞘がやせ細り切っ先が顔を覗かせた者等々。模擬刀を使用していてさえ、そんな稽古風景であった。その後に居合を稽古する者がふえた時代でも稽古量に応じて鞘の損傷が続いたが、それは修行者の増大とは反比例に下降線をたどった。うれしいことに、何を稽古すればよいのか、何をしてはいけないのかが理論として明確になるに従い、それと平行して稽古の乱れも少なくなったのである。

かように、模擬刀を使用していてさえこの行之太刀は難題であった。真剣を使うのであれば往時のように相応の歯止めをしなければとても稽古になどならない。鞘が何本あっても足らないくらいだ。それが理論としての型を学ぶという事が明確になるにしたがい、個々の稽古が変わってきたようだ。

親流派である田宮伝を眼にして初めて行之太刀の何たるかがわたくしなりに理解できた。なぜこれほど行之太刀は難物だったのか。わが伝書の「切附」に「二ツ目行之太刀也」と添え書きのあることが衝撃をもって初めて理解されたのだ。名人田宮の書き残した伝書に見る文章は、わたくしは初め行之太刀の説明のようだと思って読み進んだ。それがわたくしの頭の中で、発剣と同時に切附の映像となった。そこが、我が伝「二ツ目行之太刀也」と結びついたのだった。当流には表の太刀としての行之太刀がある。そこでしっかりと身体の理論化の基礎を培うことが出来ればこそ、名人田宮の残した伝が「切附」そのものとして蘇生されるのではないか。若かりし頃の未熟なわたくしがひとり得心したことであった。難しいことが明確に理解できるような形として表の型に残されていたのだ。そのありがたさに今も手を合わせ、こんにちのわたくしを育ててくれた型、すなわちそれを遺し伝えてくれた流祖先達に頭を垂れる毎日である。

斬り手

ゴルフにも斬り手という形があるそうだ。以前は、振り出す左手の甲が球に向くようにと指導されたそうである。医学、医療を学んだ方ならば即座にそれでは機能的にすぐ肘を痛めてしまうと判断されるであろう。なにやらお話を聞いているとそれらしい基本の形はあるようだが、どうも未だ不確かな技術の世界のようで、そこから新技術論と銘打って専門誌などで展開されている様子であった。

先だって、あるゴルフ雑誌社から面談の依頼を受けた。ゴルフの世界の方からなにゆえわたくしなどに、と思ったが、前もって送られてきた雑誌に眼を通すと、体を廻すな、順体、ひと調子等々おなじみの言葉で技術論が展開していたのには驚いた。何と、見れば弟子の一人でもあり、ゴルフに古武道の技を応用せんとしているレッスン・プロゴルファー永井延宏氏の記事であった。そんな関係からの面談依頼なのだった。

一応眼は通したが、わたくしの眼には動きの写真や身体の軸線などに関しては何が良くて何が悪いのかよく分からなかった。そのわからなさを感じつつ、わたくしなどより普段わたくしの身体を規矩とした厳しい眼を持つ弟子たちのほうがそれらの身体を比較批評出来るのでは…と感じた。まあ、面談の依頼は紙面に見られた振武舘の理論概説という事と永井氏同道ということもあってお引き受けしたものである。

ある程度の説明が終わったところで、最新刊に載っている米国のあるプロゴルファーの写真を見せられた。そう来るとは思っていなかった…。だが、その違いにはわたくしでも瞬時に判別することが出来た。他とは異なる速さの目立つ動き方であった。立ち方、腰に捻れのないこと。左肩が柔らかく落ちボールを捉えている図では、すでに打つ前に打っているという武術の空気感が表現されていた。打ちに入るときクラブが速く降りてきている。腰は終始動揺していない。さらに胸が落ちればもっと速く振れそうだ。実際、彼は斯界でもものすごく速いらしい。体は廻らず、重心の前方への移動も少ない。一枚板のようだ。打った瞬間、彼の顔は順体のまま打った方角を向いている（現在はどうか知らないが、この当時、眼はきちんとボールの置いてあった位置から離さないのが常道らしい）。そんな打撃姿勢のため、彼が出てきた時は変則だと言われたそうだが、瞬く間に衆に抜きん出、現在断トツとの由。こういう方を天才と言うのだろう。みなが曲線のところを直線で動いている。ところが喫驚したことに、別の連続写真ではこれが同一人物かと思うほど違和感のある打撃姿勢である。固く、腰に捻れもあり、力みも出ている。理由はわからない…。

武術においてもそれは基本的には同じかも知れない。出来るかできぬか、強いか弱いかという強弱論、比較論はいたしかたのないものだ。型だ、型だときれいなお話ばかりしてはいられないのが現状だ。現にゴルフ界ではつい最近まで斬り手などではなかったのだ。だがわたくしは、綺麗なお話、愉しいお話、嬉しいお話、夢のようなお話の世界を突き詰めていきたい。その先に住む祖先、祖父の世界へたどり着くためにはそれしか道はない。昔から正しいとされてきた古伝の型をそのまま伝え、遺すにはそれしかない。わたくしにはそれしか出来ないのだ。祖父の型を美しい、綺麗だ、優美だと思った、あの感銘は一生忘れることはないだろう。自分もそんなふうに動きたい。それだけだ。それこそがわたくしにとっての武術であり、剣である。別に強くなくてもけっこうだ。美しく、気持ちよく動きたい。それが願いだ。ひと調子、是極一刀之事、離れの至極とは、その型の完璧性以外の何ものでもない。

だが…、それこそが型を通した究極の殺人技だということも、弁えている…。

素振り二千回

愉しいお話、嬉しい稽古といっても居合腰、一文字腰という稽古における双璧があり、この腰構えでの稽古はなかなか容易ではない。

祖父は入門者にこの居合腰と素振りを指導した。腰構えを崩さぬようにするため、初めは五回振り、十回振って疲れたら休みを取り、また三回、五回と振っては足腰を休め、少しずつで良いのだと注意をした。とにかく、「正しい腰構えでの稽古」ということを強調して指導した。

その居合腰とは、左右あるが、右足を前にして腰を落とし、右踵をごく僅かに浮かす。左足は膝を直角に曲げ､下腿部を水平に保持する。膝を床に着いてはならない。中には若い方でも腰を下ろしただけで、平均台に乗ってでもいるかのように左右に揺れるひとがいた。ふらつくので居合腰をとれず、素振りどころではない方もたまに見受けられた。そんなとき祖父は、昔は後ろ足のふくらはぎの上に杯やお猪口、あるいは湯飲み茶碗などに水を入れて乗せ、それをこぼさぬように静かに確実に振ったものだ、という嬉しい話を付け加えた。

居合腰

昔は後ろ足のふくらはぎに杯やお猪口を乗せ、中に入れた水がこぼれぬように、静かに、確実に振ったという。

一文字腰

あくまでも正しく静かに丁寧な稽古を積み重ねること。それ以外には技の蓄積はあり得ない。

辛い稽古、苦しい稽古をする必要はない。そのかわり、あくまでも正しく静かに丁寧な稽古を積み重ねるべきである。細やかな心配りの稽古の積み重ね以外に、技の蓄積はあり得ない。正しい動きを知らぬ身体が我流で回数を増やしても悪癖が募るばかりである。

素振りにおける腕の上下ということを指導すると、毎度のことながら、誰も正しく動くことができない。解剖学の教科書通りに、腕を上下するための正しい筋肉を正しく働かすことが出来ればよいのだが、まるで不随意筋のようだ。似て非なる一般的な腕の上下運動は、その他の筋肉による疑似運動でしかない。正しく腕を上下するとはどういうことなのか、正しく上下することが出来て初めて太刀を振ることもできるのだということを学ぶために、基本素振りとしての廻剣理論があり、その理論は極意としてある。それゆえの基本なのである。

そんな素振りに関してのある時の稽古風景である。

関西での稽古会のおり、ふと気づいたら大宮の連中よりもみんな良い稽古をしていた。そこで大宮でも素振りの集中稽古を始めた。五十回単位で小休止を挟みながら、稽古を繰り返す。初めは千回にとどかずに九百回で終わった。次回が千回。やはり、みな次第に腰が高くなる。各人の稽古量に応じて休みを取りながらで良いから低い腰での稽古に挑戦して欲しいと言っておいたのだが、頑張りが出てしまい、だましだましに着いてこようとしてしまう。その高さがわたくしの眼にはとても高く見える。腰が上がれば嘘の稽古になってしまう。駄目な稽古を何万回くり返しても…。一緒に始めればどうしても頑張りたくなるのが人情だ。だが、自分に嘘をついてどうなるのだ。腰を上げたくなったら休み、また再度低い腰構えで再開すれば良いのだ。この積み重ねこそが唯一のひとり稽古なのだ。

居合腰での素振り

腕を上下するための正しい筋肉を正しく動かすのみ。その他の筋肉は使わない。

ひとり稽古の大事さというものは、こんな処にも出てくる。一回でも多く振ろうと頑張るのは腰の低い範囲内でのことだ。それが集団では大きく崩される。我を消すための稽古が依怙地にすらなりかねない。人相を変えてまでやる必要などまったくない。

そんな稽古をこちらでも始めたことを関西のみなに知らせたところ、今度は稽古の度に素振り千回をやることにしたという。しかも居合刀まで持ち出したとのことであった。そして中には二千回の大台に乗せる人もおり、そのことがまた嬉しく励みとなり、毎日暇をみては素振り三昧とのことあった。稽古後の階段の昇降時に味わう足腰の辛さも快感でさえあるとの由…。

だいぶ以前に、わたくしも二千回を振った時、初めて正しい腰構えというものを感得することがあった。小さい頃から見本とされてきたわたくしの素振りは、それで正しいものと思い込んでいたことが深く反省させられた。それまで幾度となく千回は振っていたのだが、二千回にしてようやく今までとは異なる腰構えの何たるかを知ることが出来たのだ。回数は個人差もあって、一概に何回振ればよいのかはわからない。わたくしの場合は、この二千という回数が壁であったのだろう。その壁を突き抜けて、やっと別の次元を垣間見ることが出来たのだ。

この時、瞬間的に脳裏に浮かんだのは、「あの祖父の」腰構えであった。なるほどあの腰構えに、この時初めてぴたりと一致したのであった。

居合術編

第十八章

一剣携え、型の世界へ

▼草之太刀
▼我に一剣有り
▼やり返しのきかぬ稽古
▼思い入れ

草之太刀

行に次いで草之太刀が控えている。行之太刀よりさらに前後への角度が急峻となる。行之太刀の浮身において、太刀が受ける制限は右と前であった。右へ太刀を抜き出さない。前方へ太刀は干渉しない。右腰に太刀を変化させ、そこから抜き出す太刀に対しての制約がまさにその周囲への運動を拒否したものとなっていた。その制約の中で抜くことを可能としたのが、最大最小理論であった。そこに消える行之太刀が存在し、型の説明における動きはすべて消えて存在しないものとなる。

草之太刀は、その上位の型である。理論に適った抜きにより、言葉による説明は意味をなさない。如何に抜けば草之太刀という型になるのかを説明すればするほど消える草之太刀から乖離することとなる。いくら言葉を労してもその言葉にとらわれた稽古では形骸から抜け出すことはできないのだ。だが、それでもこの章では行之太刀のひとつ上の段階としての草之太刀という身体の次元を説明しなければならない。如何に…。

今まで通り、説明を続けるしかない。

浮身をかけ、鞘を右脛に添える時、右手を柄に添える。左右の手は「同時に」左回りの半円を描く。腰は正対したままである。捻りは禁忌とする。多くは尻が廻り、ねじれが出る。いやこれは草之太刀である。この段階で、そんなことは有りうべからざる事である。

左足を右足に揃えて立ち上がる時、いや、まったく立ち上がってなどいないのだが、身体が起き上が

三本目「草之太刀」

って左手の鞘を送り、右手を後方へ引き太刀を抜き放つ。この時、両手は直線を描いて斜め後方に引かれ、離れは腹部である。行之太刀で抜く時に、太刀と体との間が空き、空間が生まれることが多い。この草之太刀でも抜き始めた時から離れまで刀身と体との間に空間が生じてはならないのである。すなわち行之太刀と重なる。

草之太刀の浮身は、真、行之太刀の浮身の体勢よりも低い。昔、祖父にもっと低い位置で抜けと注意をされたが、弱冠のわたくしにはまったく理解できなかった。恥ずかしながら、座って抜いているのだから当然低い位置で抜いている、と思っていたのだ。これ以上低くなどしたら尻が上がらず抜けないと思っていた。だが実際は、型が壊れるほど低くしても高いという評価は変わらないのだ。その壁を突き抜けるまでは、腰は低くはならない。祖父を観て育った母は、稽古はしないが眼は出来ていた。これでどうだと母に聞いたことがある。それなりの自信がついた頃であった。が、母は言下に祖父に較べたらまだまだ高いと素気ない返事であった。一気に鼻をへし折られたものだ。

この型の難しさは、真之太刀同様に初めはよく分からないものだ。太刀を前に出して鞘を引いて抜くという形のために、左右不揃いでも抜けてしまうからだ。正しく抜けなくとも物理的に抜けてしまうということは、その難しさがたいへん掴みにくいことになる。という論は、未熟なわたくしの論でしかない。きちんと真行草と段階を踏むことの出来た人間ならば当然そのような感覚はないはずである。一段いちだん型が連なっているのだ。その階段をひとつひとつ正しく登った者ならばそんな考え、感覚は生まれようもないものだ。当たり前にその段階の難度を体感し、克服して昇ってきた人にはないはずの感覚だ。そんな自分の甘さも理解されるに従い、居合術というものの難しさが身体にじわじわと、遅ればせながらしみ込んできたのだ。なるほど、居合は剣術中の精髄という言葉の重さが、身近に感ぜられるようになってきたのである。

而して、草の抜きは両手が同時に後ろへ引かれ、鞘は相変わらずの縦落とし、抜きは消える事となる…。

我に一剣有り

祖父はよくこんなことを言っていた。目録以上になるとみな坊さんのようなことを言うようになる、と。柔術が剣術を引き上げると言われる振武舘黒田道場の稽古体系の中で、武術というものを学び、それによって何がどう変わるのか。

武術的身体とは生来の身体とは別の次元のものでありながら、それこそが本来の自分自身を表す身体となる。当然、その身体の獲得過程で時々刻々考えや考え方も変わる。変わることができなければ身体は変わらない。

剣は人を斬るもの、我が身を守るもの、勝負の積み重ねこそが自身の伎倆を向上させるものとの熱き思いを胸に秘めて修行にはいった古人も術技の上昇と共にその思いは沈静した。武術というものはけっしてそれだけのものではない。人が人を打ち負かす、人の尊厳を奪うということに、人としての悔いが残らないはずはない。わたくしの若い頃の日本人は、試合、勝負で勝ったからといって、それを人前で騒ぎ立て誇示するような恥ずかしい行動は決して取らなかった。負けた相手に対しての思いやりの心があればそんな侍にあるまじき、紳士にあるまじき無礼失礼な態度は決して取れないものだった。そんな強者の優しさこそが我が日本の国民性であった。それこそがまさに侍の惻隠の情という伝統文化であった。敗戦後、そういう日本人を創らせない施策が行われた。

破廉恥という語があるが、まだそんな言葉の生きていた時代である。何を恥とするか、そんなことも希薄になった現代日本国において、こんなわたくしの論は時代錯誤も甚だしいと批判されて当然かも知れないが、その批判されて当然の、世界や時代の、我が祖先日本古来のものを遺し伝えようとしているのだ。それを現代の風潮に迎合して古来の心を伝えずして技術的なものだけを伝えることなど不可能である。

歴史を通して様々な術歌、道歌を遺した古の名人達人たちの到達した普遍的な境地とは異なるものの、現代において個人的に武術、武道というものをどのような観点から捉え、価値観を見いだすかは自由だ。そんな自由がいまの、敗戦後の日本には横行しているようだ。そんな個々の考えに基づいたあるべき姿であるとされる個々の武術、武道観を我々古伝の武術家に押しつけられては困る。武術、武道である以上こうでなくてはならぬと言われてもそれは御免蒙りたい。かつて、進駐軍から日本刀に斬首の図を突きつけられて沈黙した人々に通ずる武術観と同類ではないか。単なる遊技、競技ならいざ知らず、人との優劣強弱、技術の差をもってのみ武術が成り立つのではない。本来、剣道ですら競技性はまったくなかったことは歴史に明らかである。

修行の結果、仏の教えを説くようになる武術の道も存在するのだ。いや、それこそが我が国古来の武術の在り方なのだ。そんな世界がわたくしに伝えられたまさに日本古伝の流儀流派を標榜している古伝武術なのだ。武術は宗教ではない。が、その本質は同じものとの思いを深くする。宗教であり、科学であり、そもそもそれは学問である。とくに現代における武術というものの大きな存在意義、価値はそこにこそあるのではないか。

一剣を携えて型の世界に足を踏み入れれば、祖先父母を通した本来の自分自身が見えてくるはずだ。

やり返しのきかぬ稽古

剣というものは、言うまでもなく鋭利な刃物である。それも人を斬るための…。

当たりが軽い、強いなどに関係なく身体のいかなる部位に触れても斬れるのだ。いや傷つくと言うほうが分かりやすいか。剣術においては、身体のいかなる部位を打つも打たれるも可とするものである。たとえ相手が女性子供であろうと刃物が身体に触れればそれ相応の手傷は負うものだ。ために、終始五体は緊張を以て働かねばならない。競技剣道のように小手面胴突き以外は打点にならぬという法はない。

訳も分からぬ幼い頃から「お前のやっていることはやり返しの効かないことをやっているのだぞ」と父から薫育を受けた。間違えたら命がなくなるのだ。そういう気持で型に臨むのだ、と。型だからくり返し稽古ができる、と思うのは大間違いなのだ。型とは何なのだ。もうすでに述べてきたことだが、理論なのだ。命のやりとりを出来る身体を創り上げるための理論なのだ。だから、ただ漫然と回数を重ねればよいというものとは切り離して考えなければならない。真剣で斬り合う世界が型なのだ。型の構えが未熟で肩、腕、尻、腰など身体の各部位が受け損なった時に当たる相手の木刀は真剣なのだと観念して稽古を行うならば、大怪我、落命に直結することは容易に理解できる。

だからこそ型稽古の原則はひとり稽古にある。型で身体を錬るという意味は、身体の理論化そのものにある。そこでは相手の体格の大小、硬軟、遅速などまったく関係ない。それらは理論化の後に相対的な問題として判断しうることだ。まず自分が正し動くということを獲得するという一点に尽きるのである。

子供の頃は、一人で型を復習すると一番下のわたくしは、その場に居合わせている一番上の先輩に受を願い出る。場に着き礼式のとき、「ゆっくりお願いします」と声をかける。受に立つ方は速いのが当たり前である。ゆっくりとこちらの稽古に合わせて受をしていただくためのお願いであった。黙って立てば挑戦である。下の者が受を取っていただく場合は、あくまでも自分の型を手直しする機会でしかない。従って、型の途中で間違えたら終わりである。間違えた時点で自分は傷つきあるいは命を落としたことになるのだ。それを我が父は心にとどめよと諭してくれた。勿論、振武舘黒田道場でも古い時代から防具を着けての稽古もしていたが、上位の先輩にはいくら打ち込んでも竹刀はすべて受け流され、身体、稽古着に触れることも出来なかった。往時の試合には木刀あるいは袋竹刀などを用いたというが、たえず剣というものを念頭に置き、身体のいかなる部位をも打突可能とする容易ならざる世界である。

幸いなことに、わたくしは物心ついた頃は大人と稽古をしていた。そして、何も分からぬ中からそんな薫育を受けて育ったのである。わたくしにとって竹刀、木刀は剣なのである。触れれば身体からは血が出、傷つくものとしてあった。

そんな父の指導から、剣の刃筋を通すということは、日常生活、社会生活においても筋を通すという事につながり、ひいては自身が全力を尽くして行ったことに対しては、けっして言い訳をしないという態度を養成することにつながることを学んだ。そして、我が腰の秋水の輝きに負けない自分自身を創り上げるため、磨き上げるための武術なのだと諭された。

そんな教えを遺した父(※)は、「己に対しては冷厳峻烈、公に対しては公正無私」を座右の銘としていた。

※黒田繁樹　大正九年〜平成六年(1920〜1994)従六位勲五等瑞宝章を追叙さる。生前、厚生大臣表彰および労働大臣表彰を受く。埼玉県接骨師会会長在任十年。

思い入れ

木刀、竹刀は物理的に真剣とは異なる。が、そんなことは問題とはならない。型というのは、まさに真剣そのものを扱うための理論なのだ。真剣の代わりにその取り扱い、操法を学ぶものが木刀や竹刀である。そしてそれは、身体の運用理論そのものであって、それぞれの武器を個別の道具として扱うためのものなどではない。

祖父が穏やかな手の動きで型を示したとき、いかにも手がその空間を斬ったように見えた。綺麗だった。木刀をすっと振れば、またその空間が斬れたように見えた。いくら思いきり速く木刀や剣を振ったところで、その空間を斬ったようにはなかなか見えないものだ。

どのようにすればそんなふうに、そこに何もないただの空間があたかも斬れたかのように見えるようになれるのかを聞いた。

それは思い入れと言って、抜くぞ、斬るぞ、突くぞ、と心で思うことが大事だと諭された。さっそく道場へ出て、思念しつつ木刀を振った。だが、そうすぐに斬れたように見えるはずなど無い。手を水平に動かしてみたが、同じだ。ただ手が動いただけにしか見えない。

そんな祖父の動きそのものにも憧れた。型によって錬り鍛えた剣というものが骨の髄までしみ込んだ人間の動きとはこのようなものをいうのであろう。淀みのない静かで美しい動きを希求し続ける毎日であった。

居合術編

第七章　真の向掛を抜く

▼四ツ目の入り——向掛手ほどき——

▼次なる向掛…

四ツ目の入り――向掛手ほどき――

民弥流居合術表の型の四本目に向掛《むこうがけ》がある。

四ッ目の入りと申して、伝授ものなり、と添え書きがある。

初め祖父からは、相手の襟に沿って斜めに斬り上げるのだと教えられた。その時、同時に左手の鞘を前に送って腰を固めるのだという。いかにも抜いたあと遅れて鞘を前に送るのではない。ひと調子、ひと手の抜き付けである。

この抜き付けは斜刀の変化であるが、はじめは角度が立たず相手の肩あるいは頭あたりへ太刀が通ってしまう。意図したところへ太刀が向かわない。もちろん刃筋も立たない。ただ太刀が動いたというだけだ。当流では抜刀に際しての鞘は縦落とし、あるいはこの型のように片手の抜き付けゆえ腰構えの崩れぬように鞘を押しだし、腰固めをするため、前方へ送り出す。もちろん鞘をこねるようなことはしない。順の構えのまま鞘を操作するため刃は鞘なりに上を向いたままである。

祖父の稽古では、浮身からの発剣がどうしても両手が同時に前方へ出たようにしか見えない。もちろん離れの至極ゆえ太刀の刃をいつ返したのかなど見える由もない。そんな型を、わたくしは斜刀の難度に、さらに鞘を前方に突き出すという動作が加わったものと理解した。いや、誤解したのだった…。

見よう見まねということもあるが、正しい伝を受けて初めて難しいことの本質を理解できるものだ。見て真似をするという我流の稽古は、自分の誤解そのものを難しいものとして誤解を重ねる。そこから

四本目「向掛」（正面より）

は似て非なるものしか生まれない。

これは若気のわたくしの過ちであるが、難しいものをつい見せたくて抜いた型がある。見せて貰った以上は直伝、自分のもの、として稽古をしたようだが、久しぶりに会えば額に傷をつくっていた。どのように抜いたのかを見せて貰えば、案の定似て非なる動きであった。しかし彼には、わたくしの居合がそのように見えたそうだ。彼は見て誤解した形を一生懸命稽古していたのだ。その抜き方ではわたくしでも同様に顔に傷を付けることであろう。見えた誤解に基づいて、なにごとか手足を動かしてもそれは形骸でしかない。

現在は、理論が明確に稽古の前提として存在しているので、身体の理論化という観点からはずれぬように理論集中できる人は形骸に陥ることは最低限避けることは出来ると信じ、下手な稽古の積み重ねとなることを期待している。少なくとも駄目な稽古の時間を回避することだけは出来るはずである…。

そんな稽古環境ゆえ、道場という神聖なる場に臨んで、見て盗るだとか盗むなどという卑屈な考えは心持ち、精神が卑しくなる。人間が卑屈矮小化し、高い志をもって正しい武術の道を歩む事など出来なくなるではないか。素人の眼に見て取れるような動作は本来の技ではない。身体の働きのない形骸化した動きの手順でしかない。それはいくら速く動いても眼に見える単純な動作でしかない。

型というものは、師から弟子へと直に手渡されるものである。その中でさらに古人が伝授ものなりというからには、見て真似しても似て非なるものしか生まれないことはその時点で証明されている。祖父泰治は、わたくしが二十七歳の時に亡くなったが、幼児の頃、祖父の懐で上からくるまれて太刀を持つ手を大きな手で覆われながら手直しをされた記憶が頭の片隅に残っている。初めて真剣を手渡され、型

「向掛」（側面より）

の指導を受けた事など諸々の手取り足取りされた直伝が、大事な眼に見えぬものとしてわたくしの身体に刻み込まれてきたのだろう。そんな記憶があるせいか、わたくしも夢中になって型を教えるという生活を無自覚にしているのかもしれない。大人の弟子たちに対しても、その後ろに回って、祖父がわたくしにしてくれたように、手取り足取りして「大事な型」の指導をいつの間にかしていることに気がついた。

次なる向掛…

祖父の型を、わたくしはどのように見ていたのだろう。確かに見えないものを見ようと努力した時期もあって、その見えない動きになりたい、近づきたいと稽古に励んだ。だが、その当時は祖父の身体の異次元性にまったく気づいていなかった。抜きそのものの現象にしか眼がいっていなかった。

ようやく斜刀の変形のような向掛が刃筋も整い、抜けてきたと自信もついてきた頃。いつもの笑顔で祖父が今度は真下から、臍から顎まで斬り上げてみろと注文してきた。この時、わたくしは大きな驚きと戸惑いを感じたものだった。今まで苦労して抜いてきた向掛はいったい何だったのだ。垂直の斬り上げこそ、本来の向掛の太刀筋だという。なんで初めから本当のものを教えてくれないのだと愚痴をこぼせば、初めからは抜けないからやさしいものを教えたのだと言う。この時はとてつもなく無駄な時間を本来のものではないものに費やしてしまったような徒労感に襲われたのを覚えている。だが、それは今にして思えば、たいした居合も抜けぬうちに、うぬぼれた自我から出た心持だったと反省させられる。

第七章　真の向掛を抜く

居合は剣術中の精髄であるとの言葉はすでに知っていたが、まだ本当の難しさは知らず、居合術を甘く見ていたのだとしか言いようがない。初めから抜けるわけがない。これは伝授ものと言われる向掛なのだ。いつどこで刃が返ったのかも見えない技だ。鞘を割ったり怪我をしたりしてはいけないと気遣った祖父が例のごとく階段を付けてくれたのだ。その型の難しさも分からず、初めから正規の型を教えてくれれば…などと稽古知らず、身の程知らずのわがままな思いを抱いたのだった。

とにかく心機一転、それではまた初めからと、真の向掛と対峙することとなった。

抜き付けの一瞬、手首を返すので刃筋がまた整わなくなった事おびただしい。祖父の感覚では、離れの時、鞘を前に送る動きは鯉口で太刀の切っ先をはじき出すようにするのだ、と言う。無茶苦茶むずかしいことを言うではないか。だからこそ、前の向掛があったのだ。そんな感覚的なことを言われても、それはわたくしには見えない世界のお話だ。例の鞘を腹で割るように抜けという行之太刀の時と同じだ。とてもではないが、そんな気はおきなかったが、離れを強く意識するようになった。すると、どうしても太刀が抜けてから鞘があとを追いかけるという感を否めない。そんな稽古のくり返しに気落ちした。

だが、そんな自覚とは裏腹に傍目にはそうは見えないようだった。ある弟子から、太刀の刃がいつ返ったのかを三日三晩考え続けたが、どうしても納得がいかないので、それを知りたくて入門を決意したと、のちに聞いたことがある。

確かに未熟なうちは、太刀と鞘との分離が明確で太刀が抜き出たあと、鞘を押し出すため、とくに左手の動きは鞘の送りと前への押し出しが二動作となり、そこに三角の形、動作がはっきりと見て取れる。鞘を送って太刀を抜いた直後に鞘を送り出すのだ。これではいくら手速く抜いても左手の三角は消えない。

次第に抜き慣れてきた頃、柄頭が右前腕尺骨部に当たり出した。かつんと小気味よく当たる。と、思っている中に当たりが次第に強くなりだした。皮膚が擦りむけた。赤黒く腫れてもきた。そのうちしこりになった。横から見るとその部分がふくれているので腕がへんな形に見える。祖父に問うと、柄はそっと腕に添えるようでなくてはならんと言う。何ということだ。無音でなければならないとは。それどころか当たりがさらに強まってきている。型の方向が違うのではないか…。

晩年の祖父の向掛の抜き付けは、当時のわたくしの撥条の効いたジャック・ナイフのような抜き付けとは異なり、さっと下から大きな弧を描いて太刀が返っていた。いや、わたくしにはさっと感じるだけで、たしかに発剣は消えているために見えない。祖父はこの形として向掛を身に付けたからこそ、柄頭が腕に当たるなどということはないのだ。

そんな祖父の若かりし頃、稽古中に曾祖父がひょいと扇子を放ってきた。おや、と思ったが、祖父はこちらへ飛んでくる扇子を向掛に斬った。扇子は二つになって落ちた。「うむ、やりおるな…」と一言を残し曾祖父は部屋へ戻った。だいたい曾祖父が「やりおるな」との一言を口にしたときは褒めたのと同義だ。それで及第である。そんな話を稽古中の道場で祖父から聞いたのも、この向掛を稽古し始めた頃であった…。

浮身から抜刀にいたる体捌きに手足をひと調子に合わせることの難しさが理解できて、ようやく向掛という型の難しさの理解も深まった。それは、どんどんと深まるいっぽうであった。その後の柔術三昧の日々により身体も変わり、この向掛も変わった。ひと太刀抜いて、あまりの衝撃に腕をのぞき込んだ。太刀の速さは増していたが、その分当たりがひときわ強く、そのひと太刀で柄の当たった部分が腫れてきた。ひと太刀でこの型は終了した。そんな稽古も何度か続いた後、この強すぎる当たりは終息した。

　同じように抜いているつもりでも身体は明らかに変化をし続けている。このような向掛を抜いていた頃、身体そのものの速さが手足を追い越し始めた。向掛という極意は、胸の変化があってこそ、初めて抜くことが可能となる。それはもちろん左の速やかな鞘引きが要求されているとおり、胸だけではなく背部の働きも必須の上での話だ。だが、それでもなおわたくしの上体は、太刀を真下から返すため、そして左手鞘を前へ送り出す動作のために左にかしいでいた。祖父の上体は真っ直ぐに起きている。右手は柔らかく柄を把持しているだけだ。


　基本の向掛から正規の向掛になり、柄頭が当初は掠るように腕に当たっていた。それが暫く続き、次第に当たりが強くなるとともに腕にしこりができた。柔術の稽古により体型も少しく変化してきた。向掛は切附とともに抜けたり、抜けなかったりを繰り返しながら深化した。まったく手に負えぬ型だ。いや、型だからこそ手に負えないのだ。神ならぬ人間が、それもわたくしのような者が完璧を求めようというのだ。人が相手ではない。自分自身が相手なのだ。人界での技の上昇という自覚など高が知れている。体が速くなった分、人からまた速くなったと何度となく言われ続けても、剣を前にしては頭を垂れるしかない。

　今日たしかに以前よりはだいぶ体も動いてきたとは言え、稽古が安定しない。悪くはないが、納得がいかない。…いくわけがないいか。あれほど抜ける祖父でさえ、居合は一番の苦手だと言うくらいなのだから…。

居合術編

第八章　術者主体の理論、柄取という型

▼柄取
▼柄取の身体操法
▼柄取　その二
▼太刀を抱く

柄取

間合いを詰め寄った受が、座構えにいる取の胸襟を、両手で取って前方へ引き崩そうとする。取はその動きにのって浮身を取り、右手を柄に添えながら、柄頭を着き、踏みとどまる。

型の理合はかくのごとくに始まるが、居合の座構えにいる相手の胸襟を素手で取りにいく、ということ自体まずあり得ない。いや、逆に素手で剣を構える相手に向かう型が極意としてたしかにある。素手で立ち向かう相手の術技が上では、居合の術者は施す術がない。型は理論として学ぶべきものである。術者主体の理論なのだ。彼我の術技の優劣云々は意味をなさない。たとえ下位の者を相手にしても高度な稽古、修行はいくらでも可能な世界である。型の手順、形にとらわれれば形骸地獄にはまる。

この型では、胸襟を取られ、押さえ込まれようとする状況を逆転する技を学ぶのである。受は我が前に居て胸襟を両手で抑えている。その体勢での太刀の操法である。受に干渉せずに、いかにして体を捌くのかが問われているのだ。まさにここで要求されていることは、理論全般が滞りなく働くことのみである。ここで抜く型は、真之太刀と同類であるが、さらに高度なものを要求されている。ここに至って、真之太刀はより高度なものへと転化する。

第一動作における浮身は、実質的な浮く身体としての浮身である。受に対して、取は何の手応えもないものであるかのように無となって動きたいのである。軽く動くうちは、まだその軽さを相手に伝えて

五本目「柄取」（正面より）

いることになる。受の両手には、引いた襟だけが動いたかのように錯覚するほどの浮きを伝えたいのだ。これは剣術を引き上げると言われる柔術の得意分野でもある。

相手に軽く感じさせるということでもなかなか容易なことではない。自分勝手な早動きは技にならない。それでは相手をひるませ、崩すことにつながらないのだ。相手との接点を保ったうえで身体の軽さを表現しなければならないのである。

居合術における浮身は、型の上昇と共にいや増しに軽くならなければならない。そして、ゆくゆくはそれを消すのである。それは天地を貫く振武舘の正中線が瞬時に点となって収束してしまう時なのだ。

柄取の身体操法

前方へ柄頭を着いた体勢からの鞘引きは、真之太刀よりも低い腰で抜かなければならない。受に干渉せぬように、重心位置を動揺させずに腰を開くのである。鞘引きに腰の開きを一致させることが大事である。

次いで、腰の高さの水平面で術者から見て「し」の字を逆に辿るように太刀を左脇に振り出す。太刀を前に送る時、重心は変化させずに左足を前に「さし足」に出す。切っ先と手が「し」の字を辿るように運剣をなす。刃は相手の居る方向へ右向きとする。我が直前に居る相手に干渉せずに太刀をその右脇に抜き放ちたいのだ。多くは太刀の操作もさせることながら、「し」の字の形を取ることが出来ずに三角

「柄取」（側面より）

となる。その原因は、左足の踏み出しと前方への重心移動が早すぎることである。「し」の字の曲部の太刀の操作が終わらぬうちに動いてしまうことによる。実際に受を付けた場合、このような動きでは相手にぶつかり、左足を前に送ることができずに後ろへ崩れることが多い。

次いで、太刀を右腰に引き取って一文字腰となり、太刀を左肘の上に乗せ、やや切っ先上がりに左半身に構える。そして順体を保ちつつ、体を正面に直し居合腰となるとき、太刀を振り上げ、受の両腕を斬り上げる。そのまま後太刀を打ち、引き下がって納刀をなす。

ここまでを腰に注意して見てみると、座構えから後太刀まで腰は斜め前方へ直線を描いて移動するのみである。この型は手順が複雑なため物理的な一瞬の間で終わるということはない。しかし、ひと調子の抜きになれば、受が取を前に引き崩そうとした時、すなわち柄頭が前に着いた瞬間に発剣が終わり、流れ流れて後太刀まで一気に終了する。体捌きを錬る稽古である。手足からは何も生まれず、逆に見える手足は斬り落とされる的となるばかりだ。駄目な稽古の排除を強く意識される型である。

ここで使われている腰構えは座構え、一文字腰および居合腰の三つである。各型で錬り上げるべき大事な腰構えである。正しい形を正しく知り、身に付けることはなかなか容易なことではないが、技が上がれば、より正しい形が身についてくる。いや正しい形が創れるようになるから技が上がるのだと言えよう。その動きはより美しくなる。舞踊ではない。だが、人ではなく剣というものを絶対的な基準とすれば、どうしても美しくならざるを得ない。その美しさとは竹刀稽古などでは一般的な眼には地味と映る。竹刀捌きや体の変化などに見た目の華麗さなど微塵もない。ひたすら静かで正しくあるのみである。

中山博道師範と交流のあった祖父は、ご子息の善道師範から顔を合わせるたびに、

「こんど是非ひと手ご教授のほどを…」

と再三にわたって稽古を所望されていた。

あまりにしつこいので聞き咎めた中山博道師範が、一言。

「お前、黒田先生のお稽古は地味だが、コクのある稽古だぞ…」

それ以来、コクを理解した善道師範はひと言も稽古のことは言わなくなった。

柄取　その二

正郡から祖父に伝えられた柄取型である。

浮身で太刀を右胸に抱き、左足を右足に踏み揃えて中腰に立ち上がる時に鞘を送り、発剣。左足を後ろへ引くとき太刀を頭上に振りかぶり、一文字腰に体を開いて、大きく袈裟に斬り下げる。

これは曾祖父の正郡が表の柄取として祖父に伝えた型である。伝書を手渡されて、初めて前項の柄取は正好伝のものだったと知った。どうりで手順は簡単だが、こちらのほうが至極むずかしい。

当時、祖父はわたくしを通してこの型を弟子の幾人かに教えた。教えたはいいが、彼らが一本抜く度に叱咤注意が飛ぶ。駄目だ、駄目だの一点張りだ。とにかく一から十までひと太刀抜くごとに、ああ抜け、こう抜け、いやそうじゃない、と文句のつけどおしだ。普段、注意などほとんど受けないわたくし

正郡伝「柄取」（正面より）

身体に対する太刀の角度を約四十五度に保ったまま、発剣～斬撃を行う。

には、そばで聞いていてたいへん参考になった。

　わたくしの稽古には何も言わなかったのだから悪くはなかったのだろう。だが、いくら抜いても自分自身としては釈然としない。竹片を斜めに切り落とせていたくらいだから、それ以上の型の難しさは相変わらず見えてこない。それが弟子たちに対する具体的な注意の言葉を耳にして、それらを意識して同じ型を稽古すると、やはり内容が変わるものだ。

　この柄取の袈裟は、剣術の四本目の袈裟斬りとは太刀筋がまったく異なる。身体に対して大いに異なるものだ。太刀の四本目では順体での太刀の操作のため、自身の身体に対しては素振りの操作とまった

剣術四本目の袈裟斬り
身体に対する太刀の角度がまっすぐなので、刃筋は狂いにくい。

く同じ真っ向の斬撃である。すなわち、右半身から斜めの体勢角度を保ったまま左半身へと体を入れ替え、消える打ち込みをしただけなのだ。身体に対して太刀を斜めには操作していないのである。ところが、この柄取は、発剣から斬撃まで身体に対して約四十五度の角度を保ったまま行われるのである。この型で本来の袈裟斬りの刀法を学ぶのである。が、それゆえの難しさが表面に浮かび上がる。斜めに太刀を操作するという、人の身体にとっての難事である。

その難事ゆえ、誰に教えてもはなから座礁することになる。身体の働きを得ていない者がそんな難事をいきなり教えられても動けるわけがない。いや、その難しいことを、この四本目で学ぶのだと言っても、その成果が祖父の小言幸兵衛ぶりを見ても分かる。まったく稽古にならないのだ。とにかく抜ける者はだれもいない、という状況であった。

そこで、あまりの叱咤に見かねて、祖父にこの型は暫く教えるのをやめにして飛ばすことを提案した。

太刀を抱く

柔術の遊び稽古で、受の腕を両手両腕で丸く抱きかかえて下へ沈み、相手の腰を崩すものがある。両手の先からまるまると、まるで一本の紐を巻き付けるかのようにして、受の腕を胸に抱くのである。しかも相手の腕に対しては、真綿でくるむかのように、あるいは赤ちゃんをそっと易しく抱きかかえるかのごとく、軽い接点というほどの接点をも持たずに両腕と胸とで丸い空間を作るのである。そして、そのまま見えざる直線を保ちつつ下へ等速度に沈むことにより、相手の腰を下へ崩し落とすのである。ここには一般的な感覚での相手の腕を抱えて下へ引き落とす、などという運動は無い。目的は身体で丸い空間を作るということのみである。

この胸の働きにより太刀を抱くことも可能となるのだ。初めは誰しも腕と胸とが形作る三角形の空間しかつくれない。実際、このような太刀を胸に抱くなどという所作は免許手合い、極意手合いに至ってようやく出てくる技である。そんな正郡の型を正好は許し、表の型五本目とした。難しいのは当たり前

柔術遊び稽古

受の腕を両手両腕で抱きかかえて下へ沈み、相手の腰を崩す。

正郡伝「柄取」（側面より）

太刀を右胸に抱くように発剣し、袈裟に斬る。

である。当初、動けばどうしても体のひずみが大きく眼につく。眼に付くたびに小言が飛んでくるのも当然だ。

現在、この柄取という型に関しては、初めは旧来の正好伝のものを教えている。四ッ目の入りと言われた向詰もしかり、祖父の柄取もしかり、この二本の技に関しては飛ばして教えている。裏の切附に入った者がようやく向掛に手が届くようになり、本柄取はそれ相応に体が働くようになったのを確認してから、というあんばいである…。

居合術編

第九章
正好伝の観念太刀、正郡伝の観念太刀

▼観念太刀（一）
▼観念太刀（二）

観念太刀（一）

剣術の絵伝書は、とうに終わっている型を含め、奥太刀、極意に関するものまで次々と手渡されたが、居合術に関しては、手合いをすべて伝授してくれたものの、それだけで、それ以後なんの音沙汰もない。祖父に物欲しげに問えば、居合の絵伝書はない、という。その祖父の晩年、ないと言って留められていた居合術の絵伝書をいつもの笑顔で、ほれと言って何気なく手渡してくれた。生まれて初めて見る祖先の描いた居合術絵伝書に、驚きと嬉しさが一気にわき上がった。流儀名には「宮様からいただいた」という「秘術」の文字が確かに認められていた。早速、押し戴いて眼を通せば、奥付には「文久二任戌初秋黒田正好敬書」とある。第十代の黒田弥平正好が型の逐一を描き丹精して作成したものだ。祖父が正郡から教えられ、わたくしも教えられた型とは、やはりいくつかが異なっていた。正好に認められた正郡の型々は難度を高めていた。わたくしは正好伝の型も復活させ、それぞれの難しさが階梯をきめ細かにしてくれることを期待して稽古に組み込んだ。

祖父は、曾祖父の正郡から手渡されたものだけを、そのままわたくしに伝えてくれたが動けぬわたくしにはどの型も愛おしく思え、そのまま伝書の中に埋もれさせるには忍びなかった。まして、それらの型々は流祖の民弥権右衛門師が伝えた古伝ではないか。ありがたく道場で稽古をさせていただくこととした。

この古伝観念太刀は技巧的な難しさが顕著である。

六本目「観念太刀」（正好伝）

受が正面から真っ向へ斬り込んでくる。いや、受に居ない処へ斬り込ませるだけの心身の働きがそこには要求されているのだ。

取（術者）は、座構えから浮身を取り、右半足引いて同時に太刀を右脇に掻い込む。次いで左足を踏み込んで突きを入れる。その切っ先をその場で即座に左右に水平に返して抉り、太刀を引き抜き左から輪の太刀に返して右足を踏み込み、後太刀を打つ。後、引き下がって納刀は各型に同様である。

この型の図を眼にした時、わたくしはそのいかにも技巧的な難しさを感じたため是非稽古をする必要があると思った。受に斬り込ませるのは良いが、こちらの浮身という知識、伎倆がいい加減であれば、座構えから立ち上がり、その受の斬撃を躱す前に頭から斬り割られるのである。それが当時のわたくしにはありありと実感させられ、稽古の必要性を迫られたのだ。前方より斬り下ろされる太刀を前にして、浮身と称して上体をいったん前に起き上がらせてから右足を一歩引いてその斬撃を躱すなどという動きが、型とはいえ実際に間に合うものであろうかという重大な疑問を解決したかったのだ。いや、型だからこそ、そのような状況での間の取り方そのものを勉強してみたかったのである。弟子の階段としてではない。わたくしの上達の手段として、道場に立ったのだ。

太刀を眼前で操作して右脇にもってくることは不可能だ。眼の前に受の太刀筋が振り下ろされてくるのだから、我が太刀は身体に沿って、たとえば祖父の言う早業の行之太刀のように変化をしなければならない。それ以前に、身体そのものが立ち上がって、いや立ち上がりつつ後方へ一歩を引いて体を躱すという動作そのものを、ひと調子に斬撃の太刀を躱すという動きに変換させなければならないのだ。体を躱すと分かっていても、人はどうしても手から先に太刀を操作するものだ。やや前に抜いただけでも上体が前方へ浮き上がるため、それ以上に前に抜き出したこととなり、その太刀、腕、頭は受の斬撃に脅かされることになる。

以上のごとく、ここには行之太刀のような形としての明確な抜く型は存在しない。動きの中に吸収され、見えざる抜きとなっている。したがって、ゆっくりと抜いても体捌きにその抜きはかくれ、理解しがたい動き、型として姿を見せるのみである。始め困って祖父に問えば、ひょいと脇に掻い込むのだ、とのこと…。

気分はひょいと抜くが、自分の手や太刀が眼前で動くのが眼に映る…。こんな動きでは、頭もろともどうぞ斬り落として下さいと言わんばかりに差し出しているのも同然だ。そんなことから浮身のかかった座構えというものを、さらに緻密な状態として理解できるようになった。そこからまた浮身という形から次の動作への形、すなわち型の構えを正しく知るということに全精力を集中しなければならないということを実感することが出来たのである。すなわち、形のあってないようなまことに稽古しづらい型を修得するには、とにかく理論に集中するしかないのだった。

受の斬撃を空に斬らせ、その虚に突きを入れ、同時に左右に太刀を返して抉る。この時、太刀は水平に操作をするが、両腕は最大最小理論に則り、最小限の動きを取る。そのため腰は斬る方向へは廻らない。この腰の使い方を遊び稽古で検証してみれば一般的な人の動きとは正反対の筋肉の運動が複合していることが分かる。手や腕の運動は腰の変化、体捌きで行わなければならない。

遊び稽古に、受の背後からその両肩を右手刀で軽く連続して叩くものがある。腰が正しく働くと受は両手でほぼ同時に叩かれたかのような錯覚を覚えるほど右手は一瞬の連打を可能とする。肘関節の曲げ

遊び稽古「肩たたき」

写真の状態から右手刀で相手の左肩、右肩とすばやく叩く。

伸ばしはない。その場での二回叩きの最小時間に腰の変化が同調してほぼ同時の左肩から右肩への両肩叩きが完了するのである。

いずれにせよ、本観念太刀型はいかにも技巧的な太刀捌き、体捌きを稽古するのに適した居合術者向けの型である。どのように太刀が抜け出たのかが消えて、初めて型としての体捌きを得たと言える。前に出れば斬られると分かっていて、初めてこの型を動けば人はみな前に出ざるを得ない。そして突いたあとの太刀の返しも同様である。それは誰もが持っている動きである。そんな一般的な日常の動きを排除、転換しなければ、この型の世界を理解することはけっしてないのである。

観念太刀（二）

祖父からはじめに教えられた正郡伝の型である。正好伝の観念太刀の難しさが理解できる人に対しては、この太刀筋の如何ともしがたい難しさを言葉にしなくても済む。

座構えから浮身、立ち上がり、右ひと足引いて左半身となる。この時、太刀の切っ先を受の目見当にまろやかに斬り払いつつ右脇に太刀の刃を上にして掻い込む。左手の鞘は左廻りの半円を描いて鞘の背を下にして、同じように左脇の下に掻い込む。多くは、向掛などと同様に左手鞘の送りが遅れるため三角の動線を見せてしまうことになる。左右の手捌きは両手を同時に前方へ振り出すかのように半円を描くのである。両手同時の円運動である。切っ先および太刀は右外側へ開かずに終始前方を向け、上下間で水平を保つ。

次いで、鞘を腰へ落とすと同時に右足をすり込みながら左手を柄に添えて突き、左足を一歩踏み込んで左の輪の太刀に真っ向を斬る。引き下がって納刀。突きは、右ひと足に同調させた腰の高さ腹部水平の突きで、手を突き出さない。

この型では、剣術編薙刀の項（『気剣体一致の「改」』収録）で学んだごとく、相手をしてこちらに手を出させないという事を学ぶのである。相手が斬らんとするところを捉えて、先を取って発動するのだ。動きの遅速には関係ない。微塵の隙もない正しい動きの連続により眼前に迫り来る斬撃を制覇し続けるのである。ここには具体的な攻防の理合はない。眼に見える闘争の雛型すらもない。形而上学的な純粋な体捌きのみが要求されているのである。敵も我もない。ひたすら美しい体捌きのみがここにおいて完結するのである。

この型では、すでに何度も述べたような悪癖の指摘は繰り返したくない。

この稽古も、当時あまりに皆が出来ないので、とうとう祖父が尻を上げた。それまでは門弟たちと一緒にわたくしもこの型を稽古していたが、何も言われなかったので、どんな指導を見せてくれるのかと内心喜び、眼を皿のようにして待機した。

どうしてこれほど違うのに、わたくしにはその違いを指摘すらしてくれずに黙って見ていてくれたのか…。そもそも発剣からして異なっていた。そんな段階の異なる次元のひと太刀を見せていただけたことを心からありがたく大事なひとこまとして心に刻んだものだった。

今思い出そうとしても浮身などどうやって行ったのか思い出せない。それは時の経過ばかりなどでは

「観念太刀」（正郡伝）

ない。それこそが真の技というべきものなのだ。見えない動きだからこそ、晩年の老武術家の動きが一瞬の動きであり、またふわりとまろやかに動いたようにも見える時間のないひとこまであったのだ。

離れの一瞬、切っ先は受の目見当に霞を当てて間を抑え、隙を与えることなく一つの動きとなって円転し、流れ流れて淀みがない。たしかに、上手な舞いを見ているかのようだ。いや、わたくしは舞いを知らないが、なにか舞いとしか言いようのない雰囲気しか感じられなかった。この美しさが、剣という世界の持っている力なのだ。剣の神髄とはかくも高雅典礼、風雅を表すものかと若年のわたくしでさえそんな人間の動きに魅了されたものだった。

居合の型とは、素敵なものだ。と、単純に心打たれた。それは祖父の次元の身体に対しては、剣術、柔術等にかかわらず誰しもが感得しうる美ではないだろうか。

居合術編

第十章　陽之剣

陽之剣

十九歳のとき、祖父に連れられて鹿島、香取の両大社に詣で、居合術、剣術をそれぞれの御社に奉納した。その時の未熟な写真に、この陽之剣の一葉が残っている。当時の稽古の様子が忍ばれるほど腰が低いのが眼に付く。太刀を手足いっぱいに使って抜いている。つまり、太刀は右に開いている。左足が外へ開き、右腕は右に開いている。左手は腰の低さに応じて左斜め前下方へ突き出されている。太刀の刃渡りは、わずか二尺三寸程度。この太刀を抜くために、これだけ手足を目一杯に動かしているのだ。それが今日では、型どおりに右手は右額上に、左手は前方へ送り出されるのみである。太刀は二尺六寸となった…。

著者十九歳の頃の「陽之剣」演武

この陽之剣を教えられた時は、いつもの通り、存外簡単に抜けてしまうので何だか気が抜けてしまった。両手を目一杯に使って抜くため、何度抜いても楽に抜けてしまう…と、感じたのだ。ここがこの型の難しさである。そのため行之太刀や切附のような型としての具体的な難しさを感じることもなかった。型の真実を知らないのだから、その本当の難しさなど分かるわけ

七本目「陽之剣」

がない。

当時は、居合の型をわたくし一人がその逐一を進めていた。古い先輩弟子たちに対するそれまでの断片的な居合の指導とは異なり、きちんと順を追っての正規の型を指導するのは、祖父自身が系統だった居合の稽古をしていた時以来、五十数年ぶりのことであり、それは、居合術においては、わたくしが初めての本格的な弟子ということになる、とのことであった…。

訳も分からず、抜けないのがただ悔しくて抜き始めた居合であったが、祖父の初めての居合の弟子となったのは孫のわたくし一人であったのかと思うとそんな重責を負うことが出来るのだろうかと思う以前に、教えてもらえるというだけでただ嬉しくて、抜き続けていたのだ。その祖父がこの型でもまた注文を付けてくれた。まず初めに、太刀が額の上で一文字に止まるか、というものだった。問われて初めて、今まで自分の太刀がどのように抜けているかなどまったく知らぬ事に気づかされた。簡単に抜けてしまうなどと思っていた自分に赤面の至りであった。

道場へ出て抜いてみれば、物打ちから先が前方へ出ている。しかも、太刀先がぶれているではないか。後太刀を全力で振っても太刀先のぶれなど起こらなかったのに…。この太刀の完全停止を求めて抜き始めると、いかに我が太刀は情けない態を示すことか。容易いと思った陽之剣は、わたくしのたやすさでしかなかった。抜けども、抜けども太刀は思った位置に停止してくれず、太刀のぶれ、上下動、前後動はおさまらない。ただ力を抜いても、それだけでは、今度は切っ先が下を向いたままで、期待している鋭い撥ねがでない。

当初、あれほど簡単だと思っていた陽之剣だったが、どう抜いてみても今の自分には陽之剣が抜けないほど難しい手合いであるということが分かった。そこで祖父にどう抜けば良いのかを問うと、鞘なりに丸く抜くのだ、という抽象的でまことにありがたい指導であった。また、右斜め上へ抜くのだとも言う。その右斜め上への抜きが大社での奉納演武である。これが当時のわたくしの最善の抜きであった…。

祖父の言う右斜め上というのは、まさに右の斜め上なのだ。わたくしの形はそれからすれば右横と言っていい。そんな大きな違いを誰も見てくれぬし、教えてもくれぬ。ましてどのような角度で抜き上げるのかなど思いもよらぬ事だ。ひとりで抜き、どうしても出来ない時、祖父に聞きに行った。それもごく希のことだった。当時の日記を見ても居合の稽古のことはほとんど書いてない。抜けぬということがわかり始めてからは、ただひたすら毎日の習慣のように平々凡々と抜き続けていた。それも、自分は抜けないのだということを知ったからこそ抜いていたのだ。その程度では質問をするところまで自分の稽古が上がることもなく時間が過ぎていった。

祖父が鞘なりに抜くのだ、右上に抜くのだと注意をしてくれた時、祖父はあたかも太刀を手にしているかのごとく柄手の変化を見せてくれた。太い腕、太い指だが力みのまったくない手の形の美しさ、えも言われぬ雰囲気は何ものにも代えがたい教えだった。師伝、直伝の大事さ、尊さというものを若いわたくしが実感したのはこんな時であった。その形を真似して抜いてみれば、まことに調子がよい。急に上達したような気分にさせられる。いや、たしかに教えを受けただけの上達はそこで起こったのだ、とわたくしは信じている。うれしくてさっそく祖父に報告にいった。いつもの笑顔で、稽古とはそういうものだ、と言った。

師の姿形を頭の先から足の先まで真似るということが型稽古の本旨である。そんな稽古のまねごとですら直に教えられれば、わたくしのような者でも一瞬の悦びを味わうことも出来るのだ。しばらくその調子の良い抜きを続けていると、それにも不満が出た。額上で受の太刀を受ける時、わたくしの太刀では右に寄りすぎているため受けきれない。縦の斬撃を横の運動でその力を受け流すのだから物理的には問題がないようだが、じつは遅いのだ。

いや、型は理論だ、実際にそんな形で攻防を行う必要はない、もっと安全な形で受け流せばよいという論は、ここでは立たない。安全と思われる形を取っても正しい斬撃の利は剣術編で述べたとおりである。理論だからこそ各型に緻密この上ない正確さが要求されるのである。

祖父の言う「右上」という意味が理解出来たのは、結局身体が動くようになってからのことだった。確かに右の上である。見える形としては、ほぼ右腕を前上方へ伸ばした状態となる。鍔元に近い処で打太刀を受けることとなる。それゆえ祖父の次の注文が生きてくる。

後太刀へ移る際の注意があった。額上一文字に発剣したのち、太刀の鍔で打太刀を左へ払い落とし、同時に太刀を水平に回し、後太刀を打つというものである。受の太刀をはじき落とすと同時の後太刀となる。やってみれば案の定、出来ない。左手を柄に添える間もうまくできない。太刀を水平に回転させて垂直に刃筋を落とす動きは、腕力には無関係であると知るには時間が必要だった。こうしてようやく出来ないことだらけの陽之剣という抽象形が出来上がった……。

見かねた祖父が、駄目なら輪の太刀に使えばよい、とひと言。情けなかったが、出来ないのだから致し方なしと諦めた。

陽之剣の後太刀をふと思い出して行った時、いつとはなしに出来るようになっていたのは、柔術の見直しによって身体そのものが働くようになってからのことだった。太刀の抵抗、重さは感じない。胸の落としが主体となる腕の振り下ろしができると、腕力に頼らないので、太刀の抵抗、重さを手には感じないのだ。しかも、額から腹までの垂直の振り下ろしで切っ先が風を斬る。さらに、その切っ先のぶれはない。この形に至り、太刀は水平から垂直に変化をするため、手の変化、太刀筋が消える。受の太刀を右から左へ払い落とし、手首を返して正中線上に振り下ろすその手の変化が眼に映らなくなった。

祖父に見てもらいたかった…。いや、感応道交、いまのわたくしの身体は祖先と共に在るのだから、わたくしの変化は逐一喜んでもらえていると信じている。

祖父の陽之剣

祖父の礼式を真似してはいけない。正しい手順、楷書の形に則って静かに行うべきだとは普段わたくしが門人に対して、注意をしていたことだ。わたくしが弱冠の頃、父が祖父の礼式を真似しろと言った。だが、それは初心のものが絶対に真似などしてはならない祖父個人の「作品」なのである。その前に基礎を練り上げたうえでなければ、ただの軽薄、隙だらけの作法となってしまうほど危険な動作なのだ。もうこの当時ですら祖父の稽古、正式な演武を見たものなどほとんど稽古に来ていない頃である。みなわたくしの稽古しか知らない人たちばかりである。

父が勧めた祖父の礼式は、父自身がお気に入りの速い間の動作である。礼式を終え、座構えに入る時、左足の甲で軽やかな音を立てて座るのだ。わたくしが見た晩年の祖父の演武では、ついぞ足の甲で床を叩くようなものは見なかった。わたくしが積極的に真似をしたのは、座礼のあとの太刀を戴く所作であった。ゆっくり、ということを強調した祖父である。きちんとした稽古も出来ぬうちから出来上がった人の真似をすれば型が崩れ、ぞんざいになるだけである。それは型を伝えた流祖先達に対する冒涜でさえある。守破離と言われるがごとく、型の神髄を身に付け、そこから遠くへだたった地点にまで到達した人がおこなう所作はすべてその人個人の作品なのだ。それをただ真似してみても軽薄な猿まねにしかならない。作品は一個人のものである。真似すべきものなどではない。

とは言い条、その抜きは理路整然、そこには型しか存在しない。序破急の抜きと言えば、現今の居合道愛好家の方々には大いなる誤解を招くかも知れぬ。が、それこそが古伝の序破急そのものであるとしか言いようのない抜きである。いつ動き始めたか分からぬ浮身とともに、すでにいつの間にか柄に懸かった右手は見えず、太刀は鞘走り始めている。次の一瞬にたんっという軽やかな足音と共に発剣、居合腰となり、完全停止の姿勢。後太刀を打ち、引き下がり静かなる納刀。

この祖父の納刀に関しては、わたくしは本式のものは見たことがない。ゆっくり納刀しろとは、当初ずいぶん注意をされた。弱冠、初めて京都へ行く前のことだった。わたくしとしては、ゆっくりと行っているつもりであったが、それは若いわたくしの感覚だけのことで、実質は少しもゆっくりではなかった。

ある年の初稽古のとき、わたくしの居合を見た先輩が、祖父の納刀はもっとゆっくりだったと感想を述べた。これでどうだと思って納めた太刀であったが、年初から鼻っ柱を折られてしまった。いったい祖父はどのような速さで…、と思いつつふとその次元の差により、物理的な長い時を単純に表してはいないのではないか、とも思えてならなかった。実際、冗長なものはそこに緊迫感を保つことができず間延びしたものとなる。そんなことも体験的に見知っていたため、術技を錬るしかないということを痛感した次第である。

以上、表七本の居合に古人は七年をかけたという。剣術、柔術の目録を得たうえで、さらに居合を許された者だけが辿ることの出来た道である。なお、この七年という時間は形式上の年数、目安であって、そこから奥の道は本人次第となる。

生涯教育が叫ばれる今日では、たしかにこれほど奥深く、学ぶに飽きず、難しくも楽しい世界は、その研鑽に一生の興味が尽きない。

棒術編

棒術編

第一章　消える円運動

椿《つば》木《き》小天狗流棒術

棒術の稽古を初めて見たのは、小学校低学年の頃であったか…。棒の稽古自体が滅多になかったため、おとなの行う左右への大きな体捌きに見とれたものだ。

その後、古い弟子も減り、棒の稽古を見る機会もなくなった。

椿木小天狗流という棒術は、伝系が審《つまび》らかではない。流祖もただ慶長年間の頃の人と伝えられるだけで名前すら定かではない。その流儀名から、椿木小天狗と異称されるほど術の達者な人であった様子を窺うのみである。

相手に斬らせて左右に体を消す。然も、相手の太刀を棒では絶対に受けたりなどしない。太刀を棒で受けたらささくれてしまい、その時点で棒を二度と捌くことが出来なくなってしまう、とは祖父泰治が棒を取った時の口癖であった。

この棒術も薙刀と同様に両手は体捌きに従い、絶えず変化を繰り返す。けっして一カ所を把持したまま振り扱うということはない。棒を振りまわすのではない。棒と一体となって変転してやまぬ体捌きそのものに特徴があり、その体捌きこそが椿木小天狗流棒術なのだと言える。そのため型としては限りなく難度が高い。小天狗と称されたひとの動きを、それも見えざる動きを学ぼうというのだ。剣術、柔術で身体の理論化を目指している身体ですら、型の形にすらならないのが現実だ。手順を覚えてみてもどうにもならない。型の要求する動きそのものが出てこないのだ。動かぬ身体がもたもたと型の手順を踏むだけだ。剣術とは大きく異なる、かくも非現実的としか思えぬ型を眼の前にしては、悲観的な感慨を抱くしかない。

いや、剣の世界の難しさを棒の術という観点から、より明確に伝えているものと考えたほうがよいのだろう。一本の棒をもって真剣に対処しようというのだ。それも棒を使って使わず、棒そのものが真剣と渡り合う事は決してないのだ。棒と共に身体は変転万化し、棒は相手を制する時以外は決して相手には触れないのだ。棒そのものを剣と対等な武器として扱わずに、体捌きの礎として利用するという術を学んで、初めて真剣から体を躱すということの現実的な難しさをより実感、体感することができるのである。

実際、据え物斬り等において、弾丸の速度の約三分の一を想定される剣先である。人の速さを大きく越える次元の世界で、それを理論として確実に回避できる身体運動が在るということを型によって伝えているのである。若い頃から述べてきたことだが、わたくしはそれをたんに「気」という一語で終了したくないのである。人の身体が刻苦奮励の修行によって得た、自己と祖先とが直結する世界が確かに存在するものと確信している。その「気」、心の働きを表現することのできる高度な術技的身体こそが基礎にあってこその気―心の働き―ではないのか。

棒を手にするが、本来の棒は我が手にはない。棒を持って持たず。だが、その棒が働くが故に我が身体を守ってくれる。その妙味は素手で働く我が手と棒を共にする時、はじめて術としてそこに存在するのだ。

即物的な強弱論を眼の前におけば、このような地道な時間のかかる修錬は忌避されることであろう。

しかし、これが我が国の伝統なのである。初め極めて静かに抜かざれば…と言われる剣術中の精髄である居合術において、かくのごとく現代世代には理解不能と思われる指導が大原則であった。それが大事だからこその大原則、絶対命令であったのだ。それを理解するには、その古来の日本人の心に触れる努力を本人の意思によって行うしかない。

剣の斬撃の速さは往時の侍には身近なものだ。そんな時代に、このような型を残す小天狗と異称される身体運動を残す人が存在したのだ。わたくし自身を顧みて、少しくらい振武舘で稽古をしたからといって、こんな次元の稽古をどうやって伝えられようか。

と、言うわけで、わたくしは永らく棒の指導はしなかった。教えても労多くして功少なしの感をどうしても拭えなかったからだ。駄目な稽古を残すくらいなら教えないほうが良い。本当に体が動くような弟子が増えてきたらその段階で教えよう、と観念していた。

今日、わたくしは海外の合宿もあって、また棒の指導を再開した。そこにはわたくし自身の楽しみもある。観えざる情報を察知する弟子たちが集う環境が整ってきた。わたくしの残したいと願う術技の本質を理解することのできる人々が蝟集している。そこで、基本的には初心者の人々にも棒術の体捌きを、難しい段階のものとして理解出来るであろうという期待のもとに指導することにした。難しい分にはいくらむずかしくともかまわないのではないか、というのはわたくしの考えであって、伝統に則っているか否かについては考慮しない。

そもそも理論を発表したということ、その理論を日々の道場で追究しているということは、極意、核心そのものを極めようという「道場」の状態を表しているのではないか。現代の振武舘黒田道場という富山藩伝来の古道場で伝えようとしているものは、まさに「伝統」そのもの、侍の身体文化そのものなのである。

閑話休題。

今、わたくしの伝えるべき術は「棒」の術なのである。これを現今はやりの「道」にまで昇華したら、どうなるか。いやはや考えてもみたくないことだ。たしかに、ボードーを学んでござるとは称しにくく、口にするのも赤面の至り。棒道とはなんぞや。

まことにもって棒ばかりではなく、術も心得ぬうちから「道」などは振りまわすものではないと痛感するしだい。術より高邁なると思われている「道」を口にしたいばかりに現代的流名変更はお茶の子さいさいというお人柄なら、とうの昔に棒をやめて杖にしてござる。しかし、どうせ変名するのなら、椿木小天狗流神術としたいくらいである。

素振り

使用する棒の長さは、市販されている四尺二寸のものである。本来は四尺五寸、六尺、七尺五寸の三種類あるが、稽古で使用するものはもっぱら四尺系のものである。

素振りといっても、順の素振りは足の入れ替え動作に棒の変化を付けただけなので、たった二動作しかない。しかし、この二動作でも初めて接する方々を見ていると、なかなか覚えにくい様子が窺われて興味深い。なにせ、たった二動作なのだ。難しい、覚えづらいという感覚を持たないこちらとしては、そんな狼狽ぶりを目の当たりにすると、本質的な難しさを改めて痛感させられる。

持たない、動かないのがもっとも速いという理論から、棒を持つ両手は一カ所を持たず、動きの量を極小とするためにたえず動き、働いている。身体の変化に伴う、そんな両手の操作に戸惑い、幻惑させられるのだろう。たしかに、居合にしても、ひと動作、あるいは二、三動作で発剣を終わるが、それを見えない、わからんと言われ続けながら指導をくり返して来たことを思えば、納得がいく。すべて武術の動きとはそうしたものなのだ。

さて、その素振りだが、これは棒を中心に体を捌くという感覚を育てるためのものである。剣術、柔術、居合術等すべてに通ずることだが、体に先だって手から動き出すものは、技が育たないと観念しなければならない。

基本素振りゆえ、剣術における輪の太刀と同様に型に入ればその操法に基づいた変化が主体となり、素振りの型は消え去る。剣術において、その剣がたんなる刃物として取り扱われていない以上、ここでもまた棒以上の棒をもってしなければ、そんな剣に対等に立ち向かうことはできない。ここに小天狗と異称された人の棒術理論が展開する。

順の素振り

左半身の体構えから、後ろの右足を前足に引き寄せるとき、体正面に棒を立てる。この時、左手を棒の前端に滑らせながら、左腰に引きつける。左手を滑らせるときは右手で棒を上へ引き上げるのであって、左手が棒端に向かうのではない。その左手は水平に直線を動く。棒は、体捌きにより縦の円を描く。体を廻さぬように、右半身《はんしん》を閉じるようにして右足を寄せる。両胸を働かさなければならない。居合術編で述べたように、太刀を胸に抱くという所作は複雑な身体の働きが要求される。この棒の素振りもまた同次元である。

次いで、左足を後ろへ引きながら一文字腰となり、棒を腰水平に振り下ろす。このとき右手を手元へ滑らせ、上から斜め直線を描くように引き下ろすため脇は閉まる。手首は斬り手とし、けっして叩き下ろすように上から被せてはならない。体の開きと胸の引き下ろしのみでよい。棒の先端は止めずに止まる。すべての動きは直線で支えられ、消える円運動が生まれる。

体の入れ替わりの際、足を寄せるとき、引くときともに上体が前後してはならない。その場での入れ替わりをおこなうべきである。すなわち無足の法の働きが必須である。

下腿部前側の脛上部と足首の二カ所に手を当て、足を入れ替える際の筋肉の緊張度を受に測ってもらい、その動き方の可否を判別してもらう遊び稽古がある。これはその体を入れ替えるという一点にのみ

順の素振り（正面より）

順の素振り（側面より）

集中する稽古法である。勿論、正しい体構えが前提である。そこで人は初めて武術的観点からひと足を動かそうとするときの非を知ることができるものだ。指摘されて初めて気がつくことができるのだ。今まで自由に歩いたり走ったり、何でも思った通りに動けて、生活してきたと思っていた日常の動きが根柢から否定されるのが武術の世界なのである。

一般の足は、後ろ足を前足に寄せようとしただけで、動く前からその前足の諸筋肉の緊張を受に伝えてしまう。そんな一般人の足とは別世界にしか小天狗流は存在しない。(『気剣体一致の「改」』剣術編・九十四頁)

左右の違い

左半身から素振りに入り、連続して右半身から左半身へと戻る。足捌きは、摺り足と言えば誤解を招く。無音で置き換える。手足身体の動きは前述したとおりである。それぞれ逆になる。もちろん、最大最小理論、等速度、順体法、そして、ひと調子の運動に従う。ひとつの運動に完結するということは、至難なことである。それを理解出来る人に初めて奥の道が、それも細道が開けるのである。

この左右の素振りにしても稽古をしてみれば、それぞれ利きが違うことに気がつくであろう。わたくしも棒以前の薙刀でそんなことに気付かされた。とくに奥の薙刀では左の返しがまったく駄目だった。左半身《はんしん》の動きがぎごちなく、右に較べたいへん不快であった。そんなことには今まで気づきもせずに日常生活を過ごしていた。「普通に」動けていると思っていたのだ。なぜ、動けていると思ったのか。それなりに速くも動けていたせいか…。いずれにせよ、上がなくいつも自分が最高値として動いていたからだ。そこに「あの祖父の」という理論的身体を目指す思いがなければいつまでも気づくことなく終えてしまったかも知れない。「あの祖父の」身体を通して、数百年前の侍の真の動きを、身体そのものを、希求することがなければ武術の奥の細道を歩むことは出来なかったのだ。

当たり前のことだが、稽古を続けることによってしか、奥へ進むことはできない。それも同じ道、同じ段階を学んでいる者としかその次元を共有することはできない。若い頃、難しい、出来ないと思っていたことが現実的な「難しい稽古」としての対象となった。そこからさらに次元の変わる世界へと足を踏み込むこともできた。それぞれの段階を夢中で楽しんできた。それはそこに形骸化されずに遺された型があったからこそである。それぞれの段階の難しさを、いくら説明しても、見せても、同じ人間でありながら外界の人とは、まったく共有することなどできないことも理解できた。それが術、技芸の世界なのだ。稽古の段階が異なれば、言葉ひとつでもその重さ、深さも当然異なる。難しいという言に、どれほどの世界、次元の差のあることかは論を俟たない。

逆の素振り

左右の半身の構えから体を入れ替え、一文字腰となる足捌きは順の素振りに同じである。

但し、棒は下から返る。
左半身、棒を右腰に横一文字の構えから始める。
ここからは、薙刀の逆の素振りと同様に体捌きに合わせて手を操作する。(『気剣体一致の「改」』一五八頁〜一六一頁)

連続して右の半身からまた左の半身の構えへと棒を同様に操作し、左右の逆の素振りとする。体の前後動を禁忌とすることは前項同様であり、また体の廻りを排除する努力は長年に渡る。

具体的な手だてとしては、左半身の構えからであれば、左肩中心点、左膝頭、左拇趾が一直線上となるように固定し、右足を寄せる際に動揺させないことから始まる。つまり、腰、尻を廻さないように固定したまま右半身《はんしん》を寄せる。もちろん、すでに述べたとおり、もし受を付けた場合、受に左脚の上下の筋肉の動きを伝えてはならない。(『気剣体の一致の「改」』九四頁)。稽古の度にこのような検証を重ねながら自身の動きを正していかなければならないのである。

また、この足の入れ替わりには摺り足に注意をしたい。いまだ足で床を蹴る人には、蹴るという自覚もないため、こすり足になりやすい。和紙一枚分を浮かして音を立てない、と意識したほうがよい。足をひとつひとつ置き換えるのだ。その時、足を持ち上げないようにする。持ち上げて置き換える動作の中で、持ち上げないと意識をするのである。但し、持ち上げる動作自体が無足の法に適えば、すべての日常の動作は術技化されたものとして機能する…。これがその型が形骸でないことを証明する。

逆の素振り（正面より）

逆の素振り（側面より）

この順逆の素振りにおける主たる体捌きは、胸の働きによる両腕の上下運動である。上下の斬りの体捌きである。両肩の力を抜いて両腕を上に振り上げるという動作は、意識しただけではどうにもならない。よくよく鍛錬あるべし、と古人はひと言ですませているが、まったくその通りである。丁寧に、意識して動かぬところを動くようにし、動いてはいけないところを確実に制御することが修行、鍛錬である。筋骨を酷使することのみが稽古、鍛錬ではない。力を抜いて腕を上げ下げするということは、筋肉の働き方が変わった結果の運動である。姑息な早使いなどこの世界では意味を持たない。今更ながら、祖父のあの動きがそうであったのかと、やっと理解することが出来るようになった。

素振り二歩操法

左半身にて棒の中心を右手に持ち、右脇（腰）に水平脇構えとする。

左足を左へ一歩踏み出し、次いで右足をさらに大きく一歩踏み込むとき、腰を落とし右手を滑らせて棒の先端部へ移動させる。この時、右手で反動を付けぬよう注意する。体の沈みを利用して右手を滑らかに移し替えるべきである。蹴りによる体の移動は無用である。

この動作は、相手の膝や脛を打ち払う動作となるが、全体を通して、棒がよどみなく滑らかな動線を描いて円転するまでは、打つような動作は禁忌である。

次いで、左足を右足に寄せるとき体を相手に向けつつ右手を左上に振り上げ、棒を左体側に立てるよ

素振り二歩操法

うに引き回し、その下方に左手を添える。

そして、右手を返しながら右足を一文字腰に開いて真っ向を打つ。両手は斬り手とし順手に変わる。右手首を右腰に付け、棒は水平に振り下ろす。これらを等速度でおこない、けっして叩かない。

棒を振り下ろして叩きつけるような動作において、「叩かない」という動作はなかなかに難しいものだ。太刀の素振り同様に、胸の下ろしを使う。上肢帯筋群の緊張を排除し、広背筋が働く正しい腕の上下動を心がけるしかない。

その打ち下ろしの体勢から連続してまた元の位置へ戻りつつ、左手に棒を持ち替えて右体側からの円転操作をおこなう。相手に対して、左右円転移動を繰り返し、左右の素振り二歩操法とする。

左手からの操法は、右足から出て、二歩目の左足のとき、左手を棒先端に滑らせる。右体側へ引き上げつつ右足を左足に揃えるとき同時に右手を棒に添えて体を相手に向ける。頭上で左手は持ち変わる。左足を一文字腰に開き真っ向を打つ。手足体は順体を心がけ、腰の捻れは禁忌である。手足を動かせば動かした分だけ遅くなる。動きのある型ゆえ、最大最小理論にしたがう。その時のみ動きが消える。

手順、棒の操作に慣れたら、左右の体捌きを、二歩のあとは二動作から連続したひとつの動作になるようにする。

一歩操法

二歩が一歩となっただけで、二歩操法がきちんと出来れば問題はない。ただし、今度は右手に対して左足を踏みだし、左手に対して右足と逆になっている。二歩操法の時、第一歩を予備動作として使っていた人は、手の移動も加速度的に行うため、再び反動を付けるようになる。身体を沈めるということ自体に難しさがある。祖父泰治の書き残したものに「腰の沈め方がなかなか難しく云々」という言葉を思い起こすのはこんな時である。普通一般の動き方で腰を落としても何も生まれない。そんな日常的な動きを非日常化した結果、初めて技が表現されるのだ。


一歩操法の左である。棒は右手、右体側に横一文字の脇構え。

左足を左方へ踏み出すとき体を沈め、右手を棒の先端部へ移動させる。

次いで、右足を左足に寄せるとき棒を左上方へ引き上げながら左手を棒に添える。この時、体を相手のほうに向け、寄せた右足を後方へ一文字腰にひらき、真っ向を打つ。

その位置で棒を左手、左腰へ送り、左半身の構えとなる。

右足を右方へ踏み出すとき、左手を棒の先端部へ滑らせ、脛を払い上げながら体を入れ替えて留めを打つ。

手順、操作に慣れたら、これを二動作として連続して稽古をする。

素振り一歩操法

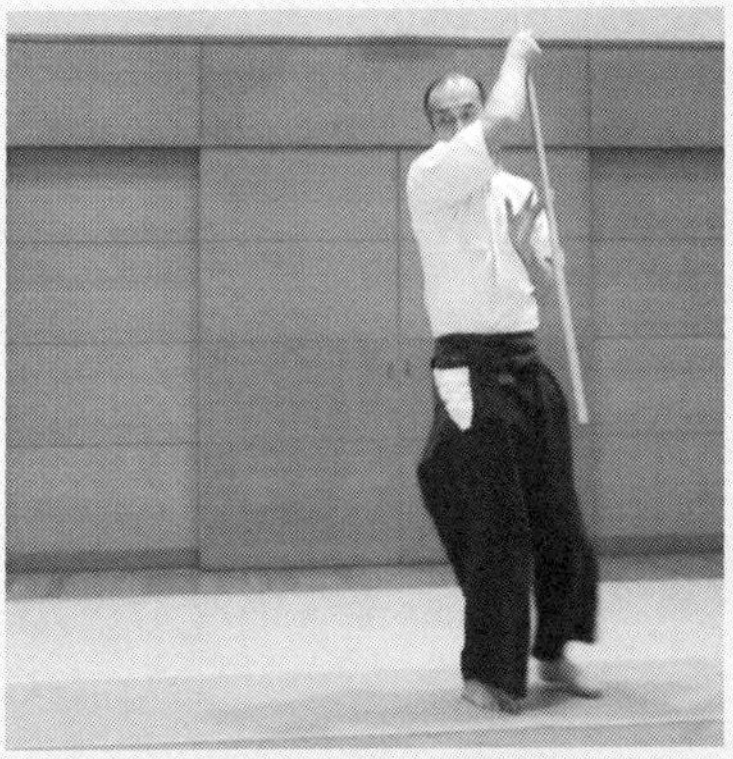

これは、体捌きによる基本素振りだということを忘れてはならない。いずれの操法も脛を払うときは棒を体側に平行に振り出す。けっして相手の脛を叩くような即物的な動作を手で行ってはならない。輪の太刀の操法と同じく、手首は柔らかくもしっかりと斬り手を保持し、動かしてはならない。

ここでは相手のことではなく、自身の身体そのものに集中すべきである。順体法、無足の法、最大最小理論等々、そして力の絶対否定ということを絶えず反芻しながら緻密な稽古を積み重ねるべきである。

いま二歩操法からはじまり一歩操法という基本の身体操法を述べてきた。「歩」とあるがごとく運足が骨子である。小天狗と称された人は、その一歩一歩を一体どのように動き、歩んでいたのだろうか。当然、柔術でいうところの無足の法と同義であることは論を俟たない。その一歩を踏み出すのは足ではない。脚力ではないのだ。棒の手を変化させるのも手ではない。ひと足を動かすために身体そのものが働き、行くべき方向へ移動をするのだ。その移動、変化に人は足を安易に使ってしまうものだ。それが術の世界への道を閉ざすことを肝に銘じなければならない。

足を使わずに身体を倒すということに集中し、正中線の変化をこそ何よりも優先することにより、消える動きを現実のものとしたのが無足の法である。

たしかに両足は身体を支えている。その両足の働きを如何せん。足はいらない、足を使ってはならない、足は無用、というのが無足の法であり、その原理原則は身体を倒す、倒れる力を利用するということに尽きるのである。前後への歩みも難しかったが、棒術では斜めへの変化となる。現代人の我々は小天狗様に手を合わせて精進するしかあるまい。

棒術編

第二章　戻刎（もどりばね）

▼鎌首のように——手首——
▼尻を斬られる——第二動作
▼肩を斬られる——第三動作
▼留め——棒を振らぬ事
▼戻刎——その二
▼戻刎——その三
▼戻刎——その四

鎌首のように――手首――

棒術の型の一本目である。戻刎という型名を、その体捌きに照らして玩味していただきたい。

受は左上段の構えにて二歩間合いを詰め寄る。

取は、その間を三歩で応ずる。三歩目に右半身となり、棒を前方へ斜めに着く。

剣術の型とは詰め寄る歩数が異なっているため、初心者はつい相手の受につられて二歩になってしまい、三歩目が遅れることになる。よく型を見つめてみれば、剣術の表の型の一、二本目の目付に際して、受は二歩間合いを詰め寄るが、それに対して取は三歩目を出ずに左足に右足を揃えて目付をなし、受を留めた。同じ拍子で二歩詰め寄ったなら、受は取が目付をなす間、上段で待っていることになる。たしかに取が目付に変化をする動きの間、打ち込めないという状況は彼我の伎倆の差によっては当然あることだ。だが、表の稽古である。棒術における二歩対三歩から想像できるとおり、剣術においても取の三歩目の第三動作は、受の二歩目で留める動きでなければならない。先に気合をかけて間合いを詰め寄る取の動きは棒術でも同じ間でしかない。三歩目が次の動作に紛れ込んでしまうことのないように心がけなければならない。

とは言い条、はじめに述べたとおり、その難しいことを理解し、稽古を深めるために行うのだから、動けずにその場に固まるも良し、七転八倒するのもよいだろう。稽古の楽しみ方はひとそれぞれだ。だが、昔、祖父がよく「下手な稽古、休むに似たり」と注意をした。そこで弟子が動いた。動けば動いた

棒術の型における詰め寄り

受が二歩詰め寄るところ、取は三歩で応ずる。

で、それに対して駄目だ、だめだの連発である。駄目な動きをいくらしても駄目だと小言三昧だ。考えしながら稽古をしても駄目、動いても駄目。それなら稽古をやめてしまえ、ということか。

と、そばで祖父の叱咤を耳にしていたその頃のわたくしは内心反撥を感じたものだった。それがその人の段階の稽古なのだから、ある程度待ってやり、出来るようになるまで待ってやればよいではないか、と。しかし、駄目な稽古をいくらやっても駄目なものに変わりはない。下手な稽古をこそ丁寧に積み重ねなければならないのだと理解するのは後になってからのことだった。祖父が黙ってわたくしの居合の稽古を見てくれていたように、師の口を開かせないだけの「下手な稽古」が出来なければ上達はないのだ。上達のない駄目な万年稽古を回避させるように、祖父は口を酸っぱくして「駄目」を繰りかえしていたのだ。

確かに稽古には質というものがある。駄目を下手にするものが祖父の言った「思い入れ」というものだろう。それは、打つぞ、斬るぞという思い入ればかりではない。初心のうちは、型を正しく知るという謙虚な思い入れこそが大事なのだとようやく思い至った。果たして自分は型を正しく見ているのだろうか。見えているのだろうか。見て思ったように自分は動けているのだろうか。と、絶えず自省しながら自身の稽古を大事にしなければならない。そして、祖父に口を開かせないだけの稽古をしたいものだ。だが、そんな指導をした祖父は、とうにいない。

さて、三歩目の変化で受を留め、崩し、誘う。形としては棒を額上に引き上げ、受がいままさに打ち込まんとする先を抑えると同時に面部の防御を施す。この棒の引き上げ動作の時、祖父の太い手首は、

一本目「戻刎」

蛇が鎌首をもたげるように、軽やかに変化をする。次の一瞬、棒の後端部を前方へ着地させる動作は右足の踏み込みと一致する。しかも手首の柔らかな操作により、棒は滑り、その後端部は斜め直線を描いて後方から前方、受の足先へと着地する。すなわち、受の足元を牽制し脅かす。

一旦、面部の防御と見せた棒の変化は、右足の踏み込みと同時に面をあけて、間を詰める。その動きにより受は崩され、あいた面に誘い込まれて真っ向を斬らされることとなる。この三歩目の腕の動作は、もちろん廻らぬ体捌きに一致させることも大事だが、右腕そのものが働かなければならない。つまり、肩、肘、手首の三関節が同時に働くということが非常に大事である。

この三歩目のひと動作において、多くは棒の後端部が出だしに下円を描いてしまうものだ。これでは、面部の防御が遅れ、次の動作、すなわち崩し、誘いにつながらない。しかも体が廻るため棒が相手に対して、直線に出ない。体の右脇に膨らんで弧を描いて前方へ出ることになる。初めは誰もがこの一歩の動作で挫折感を味わうこととなる。右腰から出る棒は、わが正中線上に納まらなければ生死を分かつことは出来ない。すなわち、この動きは、棒の影に隠れて見えざる身体を表現しているのである。いきなり、小天狗様の神術の世界の壁に阻まれるようだ。

さて、これからの世界を如何せん。どのように歩めばそんな世界を楽しめるのか。駄目な稽古の排除に努めるに如くは無い。

このような棒の術者の受を取る者は、当然その正中線を見定める身体の規矩を持たねばならない。その伎倆がなければ、消える動きをもつ人間を斬るべき基準線に太刀を打ち込むことは出来ない。そんな人間が受に立つのだ。見える動きは、身体のすべてどこでも斬られると覚悟すべきである。いや、そんなことは剣術ですでに熟知したはずだ。指一本、肩先掠めても傷つくのである。

そんな棒術を、わたくしはいつの間にか動けるようになったという感が深い。日誌を見ると本式に自分の稽古を再開したのは、一九九五年頃からのようだ。それまでは、三歩目のこの一動作で棒が体側から廻って出るのがいやでやらなかった記憶がある。ただ難しいばかりでどうにもならぬものより剣術、柔術の稽古を、という思いが先にたった。直線に動くということ、直線を知るということがいかに難しいことかを知り、ようやくいくらか動けるようになって、初めて棒の本質的な難しさが明白になった。理解できれば実践しないわけにはいかない。やっと、四十半ばにして棒術の稽古が出来るようになったのだ。

尻を斬られる——第二動作

虚をつかれた受は浮き崩されて、右足を踏み込み取の真っ向を腰の高さまで初太刀を振り下ろす。取はそれを引き受けて、右足を左斜め前へ踏み出し、棒を左へ倒し体を躱す。蹴り足は禁忌であることは言うまでも無い。足はごく軽く接地するのみである。体が先に太刀を躱さなければならない。足を使えば虚となった受が一瞬に実を回復する。その太刀は我が身体、背、尻を斬り落とすことになる。

取は、左肩を後方へ引き順体を保つ。腰を捻らないことも大事である。何よりもそんな時間はない。多くは頭から躱そうとするため、足はただ動いてはいるが、実質が消える体捌きとならぬため、首、肩、

戻刎（別角度から）

背部から尻を斬られることが多い。一般的な足の使い方をいくら早くしてみても太刀は追ってくる。そこには、太刀の速さを追い越せる足の早さなど存在しないのだ。

この第二動作では、たとえば鞘引きの腰と同様の動きが必要となる。面部への誘いに続いて、連続して受を崩しているのである。動きのひとつひとつがすべて崩しになっているのだ。この崩しはすなわち攻撃でもある。体を順体で左へ捌いたが、その動きによって、斬らされた受は瞬時に防御の反応を示すため、取の捌いた体からぎゃくに離れた位置へ太刀を振り下ろすこととなる。

剣術（涎嫌）で体を沈め落とす動作に苦労をしたが、それが前ではなく斜め前となっただけで、体感的にはその難しさは倍加する。いや単純に比較などできない。次元が変わると言えばよいだろうか。きちんと剣術で行えていれば、斜めだろうと、後ろだろうと同じ理論である。とはいうものの、人の身体というものは段階を経ながら上達していくものだ。剣術のときより、この斜めの棒のほうが難しいと理解出来て、また改めて剣術の不備不足に気づかされるものだ。駄目な足はいらないよといくら言い聞かせても、欲の深い駄目な身体は、捨てることは何でもいやがるようだ。

肩を斬られる——第三動作

取の変化に上体が流されて太刀も虚となった受は、急遽太刀を左から返して、取を追いかけて再度太刀を打ち込む。

取は先を取り、右足を右方へ戻し、その太刀を躱す。この時、右手棒は我が胸に引き寄せるようにして弧を描きつつ右へ返る。右へ体を捌くとき、右足、右脚は、すでに足を踏ん張った形をしているために、極力床を蹴らずに、あるいは反動を付けずに右に体を捌かなければならない。第一の動作よりさらに難度は上がる。右足を踏ん張って体を右へ戻そうとすれば、曲線の移動となる。これは、右側から人に右肩に手を当ててもらい、その動きがぶつかるか否かを検証してみればすぐわかることだ。この足の使い方は法に適わない。受の太刀は確実に左の肩、胸部を襲ってくる。しかし、脚、下腿部の諸筋肉の働かせ方が変われば、直線の右倒れが生まれる。肩に添えられた受の手にもぶつからない。しかも、この体捌きこそが相手を崩し、虚を生み出すことが出来る唯一の動き方なのだ。

着地した棒端はそのままに体が左に右にと大きく変化をする。上から襲ってくる太刀筋を見れば垂直に斬り込んでくるのだ。躱すのならば、身体をきちんと立てたまま躱すほうが合理的ではないか、などと考えたくなるかもしれない。たしかに縦に真っ直ぐに振り下ろされる太刀のもと、体を斜めに倒したら斬られる面積、幅が大きいではないかと思うのは当然である。しかし、くどいようだが、これは実践の雛型などではなく理論なのだ。大きく体を捌くということに、そこで伝えようとしている術技そのものを学ぶ手だてが有り、意義があるのだ。術を得て、はじめて日常の危難、災難に対処しうる身体が生まれるのである。

ここまで見てきたように、ひと動作ひと動作にどのような意味があり、その動作、変化で何を学べばよいのかが歴然としていたではないか。型の世界における斜めの身体の体捌きで縦割りの太刀を躱すことが出来なければ、実践の場でどれほどの事ができようか。立てた身体ですら、床や地を蹴らずに前後左右に移動することは容易なことではない。それを低い腰で体を斜めに大きく捌き、願っても容易くは得られぬ無足を得ようというのだ。難しさは顕著かもしれないが、得られるものは計り知れない。尻や肩を斬られながら、術の学習を楽しみたいものである。

留め――棒を振らぬ事

棒の留めは、等速度にて完全停止。美しさを至上としたい。これは棒に限らず型を稽古する際の掟である。静止して止まらず、止まっていて働きを持続し続ける。昔から静中動、動中静有りと謳われるごとくである。

ふた太刀を空しくした受は、さらに三太刀目を、取を追って右から太刀を円転させ斬り込む。が、またしてもそこに居ていない取を斬らされ、崩れに崩れて勝敗が決するのである。

これは確かに型が厳しく要求するところの動きである。修行半ばの者には斬られ斬られながらの道しかない。動けば技になる、という次元の身体を得て、このような型が理想論ではなく、人対人の動きとして現実化されるのである。

このような型で伝えられた世界を本当に理解出来るようになるまでは、運動は苦手とは言いながら、それなりに動けてもいたし動けていると自分でも思っていた。腕力も若いなりに持っていた。子供の頃はただ体を動かしていただけだったので、型がそれほど難しいものとは理解する機会もなかった。それがいつしか、いや大人になればなるほど型の核がどれほど遠いところにあるものかが理解出来るようになった。名人芸、達人芸と言われる中で、術技を核とした逸話は、それらが自分と乖離した世界のものではなく、今この道場で稽古をしている同次元のもの、身近なものとして感じられるようになった。棒術は、そんなことを身近に触れさせてくれる型であった。

棒を振らぬ事とあるように、振ればけっして消える動きにはならない。留めにおける棒の捌きは両腕の振り下ろしが綺麗に消えて欲しいものだ。胸が真下へ降りるように働いてこそ腕もその体捌きに従うのである。

戻刎——その二

棒術の型を、ふと思い立ってやってみたのは四十一歳の夏であった。その速さを信頼して受を取ってもらった弟子でも受を取りきれずに型が途中で滞ってしまった。彼ほどの速さなら受けきれない訳はないと思ったが、以前のわたくしの速さとは比べものにならないと言う。この頃はまだ自分の動きを充分に自覚しきれていなかったが、久しぶりの棒をやってみて、軽く動く身体に我ながら思わぬ悦びを感じた。

この時わたくしは、想定した彼の速さに合わせるべく速く使った。受が初太刀を打ち込む。わたくしは体を左へ躱す。と、同時に右へ体を戻す、戻刎。だが、斬った太刀を右体側で押し払うような形となった。受は初太刀につづいて即座に太刀を左から返して第二太刀に変化をしなければならない。その速さを期待したのだが、ここで型が壊れたのだった。彼は遅れて太刀を振りかぶったが、わたくしはさらにその先を動いていた。

ただ早動きが出来ればよいというのではない。これは型であり、理論なのだ。だが、この時のわたくしの体の速さの感覚は頭の隅に残った。

その後、またしばらくは棒術の稽古はしていない。もっぱら柔術の稽古が主体の日々が続いた。それが九十五年にはいり、棒術の難しさが面白さに変わった。いつの間にかそんな段階の難しさが稽古の対象となっていたのだ。人からは剣術、柔術、居合術ですら絶望的な難しさだと評されたが、いや、なに、人の身体は古今を通じて同じように造られている。たとえ、器用不器用、上手下手種々あるが、稽古に王道はない。誰しもやればやっただけのことは積み重なるのだ。ということは、やればやるほど自分の身体は変わるということである。侍の、祖父母、父母、流祖につながるひとつの身体に近づくことが出来るのだ。

棒術を稽古していて自分の速さがどのようなものなのかを次第に知ることになった。表の使い方、楷書の形でありながら早使いをしたため、三、四日、右膝を痛めたことがあった。その時、速さに応じて行、草の体捌きをすべきであったと反省させられた。頭の中では点の間で動こうとしているのに体は一点一画をおさえた楷書の流れだ。膝に過度の負担がかかるのも当然である。受を取ってみれば一目瞭然である。点の間で斬ろうとしているところへ、如何に早い動きであっても楷書、真の動き方で入ってくれば、遅いと感ずる。

こんな稽古からまた身体が変化をし続けることとなった。そして、たとえ静かでゆっくりであろうと、あくまでも正しく、より正しく動くことができれば、けっして相手に手を出させないだけの、微塵の乱れ、隙も見せることなく動くことが出来るのだ。それは、その一点に佇んでいるだけで、相手を制覇する身体を表現することにつながる。その一点に佇むということを如何に理解するか。それなくしては武術というものを本当に理解することはできない。

棒術の稽古をどんどんと速くしていったらどうなるか。それは剣術でも同じことであった。現実にはない速さ、というとわかりにくければ、物理的な遅速を基準としない世界の動きがあるということである。人の世界、脳の働きの世界での抽象化された動きそのものなのだ。それが武術の世界において我々が生涯を通して上り続けることの出来る唯一の、あって見えざる道なのだ。

そんな九十五年当時、講習会の記録撮影があった。棒の動きにやや納得し始めた頃のことである。すでに出回っていた映像資料をご覧になったという方から、わたくしが説明をしながら動いていたので、コマを削除したものでないことが分かったと聞いたことがあった。

この講習会以後、棒術の稽古も上級組を主体として本格的になり、合わせて稽古をする門人も増えてきた。それだけに初心の方たちには苦しんでもらうことになってしまった。いや、わたくしを振り返れば、そんな真の難しさそのものを身体が理解出来ないのだから、各人各段階において、その難しさをただただ楽しんでいただけていると思っている次第。

日に日に変わり続けることのできる楽しい稽古を、わたくし自身が門弟たちと共に楽しませてもらえるということに対して、ただ手を合わせるのみである。個々に応じた上達が稽古の楽しみであり、稽古の楽しみはそこにある。そこには稽古によって本来の自分自身を探し出す愉しさがある。

戻刎——その三

棒術をやりだして、型の手順に動くということから次第に受を本当に崩そうと思案しだした。戻刎の三歩目の足を出して、そこに止めずに斜め左前へと鋭角に滑らせた。鋭角に足が移動する感覚に内心喜んだ。これは注意をしないと二歩目とつながり受の斬撃を自ら呼び込んでしまうことになる。その当時の弟子たちには真似をしないようにと注意をしたが、今は一緒に稽古を楽しめ、その分わたくしもまた押し上げてもらえる。

九十六年九月十二日の日誌に、こんなことが記してある。

「間を詰めるとき浮身をかけてみたところ反対に隙が出てしまった。構えによってはどうなのだろうかと構えを変えてみた。上段霞、切っ先返しなどの構えで浮身をかけると受は崩れた。……要検討。」

などとあるが、段階的な身体を表現していて面白いというか恥ずかしいかぎりである。修行中の稽古というものはこんなものである。いまだ未熟で上半身のあいた構えで浮身をかけると隙になるような浮身は本来のものとは異なる。こちらの意図としては、浮身で相手を浮かせ崩し、確実に居ていないところを斬らせたかった。しかし、それはこの時点ではかなわなかった。剣術と棒術との間のこのはがゆいずれに稽古の必要ありと結んだのだ。それは、その前の九月五日の剣術の稽古に関する日誌に以下のようなことが記されていたからである。

「間を詰めながら浮身をかけると受は崩れてしまう。浮き崩しをかけながら、取ったままいくと、型にならなくなる。」

さらにこの文の前に、

「よい稽古ができた。やはり、ふっと力をぬいて柔らかく入ることが大事。至極大事。これだと受には見えなくなると言う。普通にいくら早く太刀を振っても見えてしまう。ひと調子にあえば消えるが、それでも今回のこの柔らかい完璧な消えには及ばない」

と、ある。

柔術による柔らかい速さの追究が主体となって、すべての稽古が進められていた。

その後、棒術における真の速さを追究しているうちに、浮身のかかった、霞のような本体のない立ち姿、構えに、受に立つ弟子たちは近寄りがたい怖さを読み取るようになった。棒術による浮身もまた剣術や居合術における浮身と同様のものとして機能するものであった。けっして隙になどなるわけがない。同じ浮身といいながら、構え、武器が異なると身体の働きもその武器に沿った変化をしなければならない。居合術の座構えで取る浮身を棒の構えで取ると大きな隙になるが、柔術を通して得た浮身を使えるようになると、それは大きな防御力、攻撃力に変化をする。それまでのわたくしの居合構え、太刀構えにおける浮身というものに、剣というものの絶対性とそれを使うわたくしの硬質性ゆえの堅固な反面、同時にそこに併せ持つ弱さを見る思いであった。

戻刎——その四

戻刎の三歩目において、右手首を鎌首のように柔らかく引き上げ、面部を防御すると同時に即座にその面をあけ、受を崩し、誘い込む動作の重要性をすでに説いた。その使い方は、そのまま棒の当てに生きることになる。点の間を取って突き込むが、このような突きを可能にするのが、鎌首のように手首を扱うことのできる術技なのである。棒の後端を下方から振り出す動きとは逆に、棒の先端をそのまま相手に向かって突き出すように棒を引き出すため、受からは棒の本体が察知しにくくなっている。受が間を詰め、こちらの動静を測ってはいるが正面に隙が見えるときがある。いつでも棒を当てられると感じられるときは、この当てを出す。すなわち、棒を正面に正しく振り出すことができれば、このような突きはいつでも出せるという遊び稽古となる。正しい型の動き方を学ぶことが本旨である。だからこそ、祖父泰治もこのひと動作についてはうるさかったのだ。柔らかくなければ速くはなれないということ、またその柔らかさによってさらに速くなれたということが、今まで同様に何度となく日誌に繰り返されている。

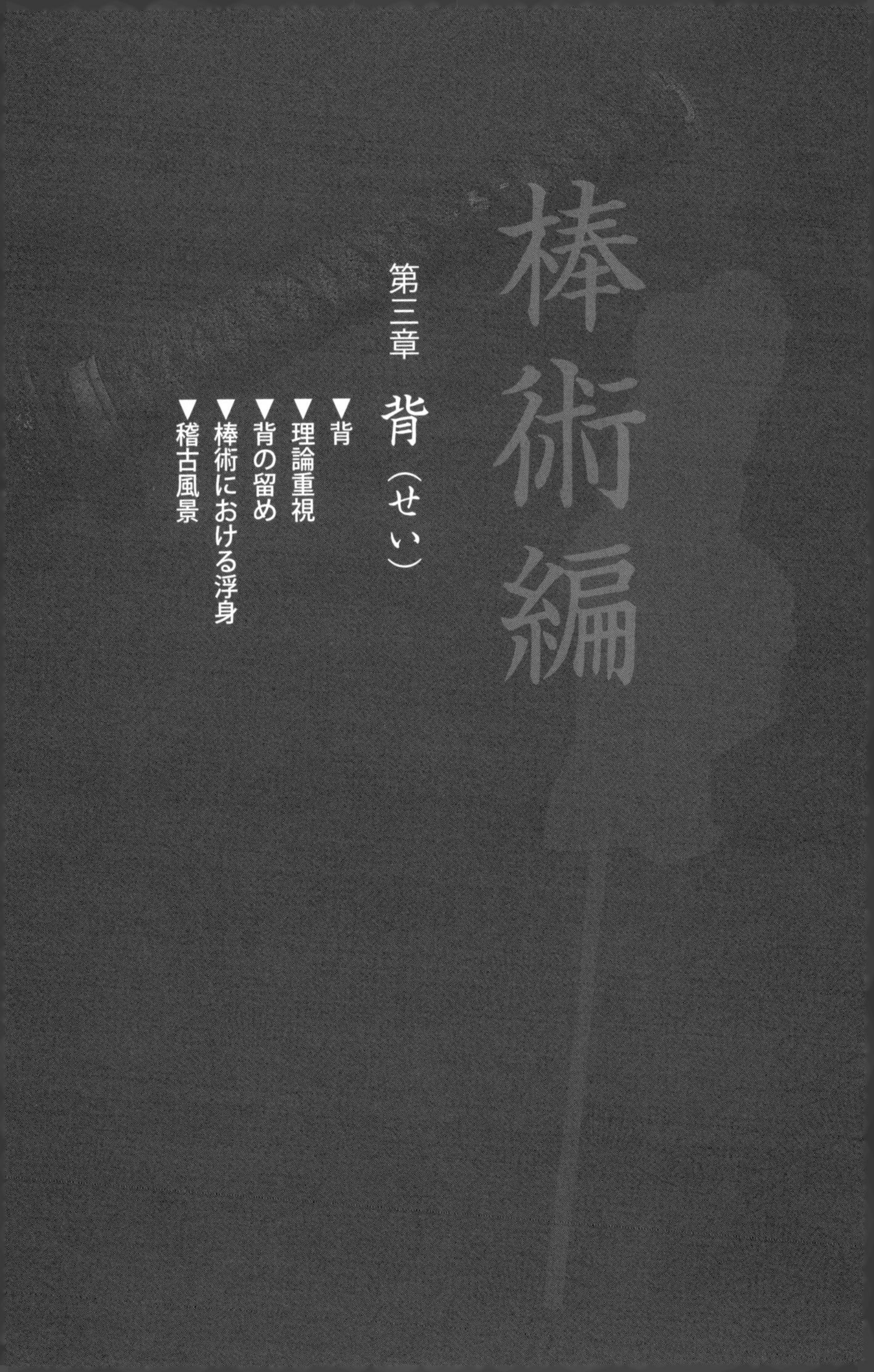

棒術編

第三章　背（せい）

- ▼背
- ▼理論重視
- ▼背の留め
- ▼棒術における浮身
- ▼稽古風景

背

取、棒に両手を添え首の後ろに水平に構える。受は左上段の構えにて二歩間を詰め寄る。

取は三歩を詰め寄り、その三歩目を受に斬らせる。

取は、受の斬撃を受けて、右足を左斜め前に踏み出し、棒を右体側に滑り落とす。この時、下から返る斬撃に備えて右肘を曲げ、右手を上に移動させる。

受は、太刀を左から輪の太刀に返して取を斬る。

取は、その太刀を回避して右に体を移動させる。この時、右手、右足を右に踏み出すとき右手を滑らせながら首の後ろで水平にもどし、左足を右足に揃える時、棒を左体側に立て、左手は同様に防御のため上にずらす。

そこをさらに追って、受は三太刀目を打ち込む。取は体勢の大きく流れた受の首または背部を打ち、留める。その際、揃えた左足を左へ戻し、棒を左より円転させて順に持ち替えながら右足を一歩後ろへ引き、左半身一文字腰となって棒を振り下ろし、留めを打つ。


取の構えは自然立ち左足前の正面を向いている。そこに無足の法が要求されている。半身から無足の歩法を学ぶのでさえ、人の身体に、いや脳にとっては難事であった。それが正面を向いた日常的な身体に近い形での型である。その難しさを感ずる以前に形骸を無意識に動いてしまいやすいものだ。型の怖

二本目「背」

「背」（別角度から）

さは、すべて型であるという怖さそのものである。誰でも手順を教えられれば動いて動けるものばかりだ。だが、それは型が伝えようとしている本質とは大きくかけ離れたものだ。手の上げ下げ、歩行すらできない身体が型の手順を正しく動くということは、いままでの動きとは別次元の動き方が要求されているということを認識しなければならない。誰でも動ける動きで型を動けば形骸である。それは歴史を通じて証明されてきたことだ。それゆえ、現代では誰も古伝の型などに見向きもしないという状況が固定化されてしまった。わたくしが型は理論であると理解してから、いや運動能力の低いわたくし自身が型によって本来の動きを獲得することが出来てから、型は理論そのものであるとの認識を深くしたのである。

この型も足捌きは、左右への変化が主体となっている。諸注意事項は一本目の戻刎等に同じである。いや、理論である以上、構え、腰の高低、前後左右への変化等の違いはあってもすべて剣柔居、理論から外れることなく動かなければならないのである。

理論重視

とあるご縁から、九十八年に初めて米国に招かれた。そこはアラモの砦のある聖なる地サンアントニオである。そこでテキサスの七人のサムライたちから受けた歓迎を忘れない。私的な組織の代表者は警察官、弁護士を業とする方たちであった。

七月中旬に訪れたアラモは酷暑、酷熱の地であった。まず飛行機から降り立つとき、機体から空港待合室までの通路の壁が焼けていた…。これ初体験。合宿期間中の屋内の強冷房と屋外の超高熱低湿度の日常は、生まれて初めての体験であった。駐車中の車に乗り込み、不用意に肘をドアなどに触れさせようものなら、やけどをしかねない熱さだ。広い通りをまたぐ架線にぶら下がるように取り付けられた信号機は、そんな日中ともなると暑さで架線が下に弧を描いて垂れ下がってくる。八月に入るとさらなる酷暑のため、鳥の屍骸が至る所に落ちているとのことであった。

何処でも、誰でも同じだが、理論として型を学ぶのだと頭では理解出来ても、稽古に入ればすぐに目先の危険度に対して間に合うか否かという即物的な質問ぜめとなった。そんな感覚、考え方もよく分かる。朝食に向かった大衆食堂の駐車場には、明らかに銃撃を受けたと思しき弾痕を有する乗用車が止まっていたりする。表へ出ろ、となってヌンチャクを取り出せば、相手は車のトランクから自動小銃を取り出しこちらに向けてきた、というような話が日常生活の一部なのだ。日常の喧嘩沙汰における銃撃戦など、まさにそれがテキサスなのだった。誤解の無いように付け加えなければならないが、弁護士の彼はそんな銃が嫌いで、一丁も保持していない。他の参加者には、聞けば車で強盗に襲われたこともあって、護身用の銃だけは車の収納棚の中に置いてあるという人もいた。そんな彼らも三年目に入り、どうやらやっと柔術の本質を体で理解し始めたと思えるようになってきた。自分から、私は考え方が変わったと言って来た。

身体の理論化という作業が人の身体にどのようなことをもたらすのかが自身の身体を通して具体的に理解が深まったためでもあろう。警察官の彼は、拳銃の教官から、なんであなたの年齢でそんなに速く動けるようになるのだろうと不思議がられたそうである。後述する逮捕術に関しても歳と共に熟練が深まり、日常業務でも生かされるようになった。彼らの稽古ぶりは、この頃ようやく日本の弟子たちと同じような雰囲気となってきたところだった。型を理論としてどのように動くべきなのかを繰り返して三年目にやっと同じことを稽古できるようになったのだ。

順体に構えるわたくしの手に、ごく軽く手を軽く添えたまま彼は順体を保ち、体を沈めてわたくしの腰を崩そうとするが、その動き初めに僅かな当たりを感じて、すぐに彼は手をもどす。またやり直し、僅かに動き始めの処でその当たりを察知しては即停止し、やり直す。体重が百五十キロほどの弁護士の彼も相撲の四ッに組んでわたくしがその腰を崩すと軽く腰を落とす。上級組の反応である。力の絶対否定により、何が速くて何が遅いのかが身体を通して理解されたのだ。その後、彼の小太刀の受を取ったとき、その体格からは想像も出来ない速さを実感した。うれしかった。そんな動き方を身に付けてくれたのだ。

背の留め

身体の大小、強弱にかかわらずそんな柔らかさがなければとても棒術など稽古にならない。物理的には身体とは比べものにならない細い棒の中に、その身体を隠してしまう棒術という世界、いや武術の世界は、力ではけっして行くことは出来ないのである。それが普段の稽古を通して少しでも理解されれば身近なものとなる。

背の留めにおいても、打ち込もう、振り出そうとして力みが出ることはとくに禁忌である。身体の運動であるから、一般的な動きはすべてこの力みが存在することになる。この力みは身体手足の動きを消す動きとは反対の明確な輪郭線を表してしまう。

すべてを通して等速度で動くと思ったほうがよい。しばらくは人を打つとか叩くなどという考えは持たないほうがよい。身体の理論化が済むまでは、ひたすら自身の身体の動き方のみに集中しなければならない。相手のことではなく、自分の身体を消すことが念願なのだ。

棒術における浮身

「浮身」という術語は居合術において使われるものである。その他わたくしに伝えられた武術においては見当たらない言葉だ。しかし、すべて同次元の身体の存在様式を表す共通語であるとわたくしは認識している。「共通」でなければ各武種間に優劣が生じることになる。

身体があたかも浮いているかのような在り方は、ただ軽いというのではない。岩盤のような腰構えを有しながら身体そのものが羽毛のごとき軽さで千変万化することのできる存在様式を意味する。となれば、その浮身は棒術においても当然のごとく必須の学習項目となる。

滑らかに滑るがごとき足捌き、歩法というのはいちいち左右の足への重心移動の後にひと足を動かすという一般的な動き方とは大いに異なる世界の運動である。たんに摺り足と言ってしまえば、誰にでもできる範囲の摺り足もどきが出発点となってしまう。命の懸かった侍たちには、けっしてそれを基本とすることは出来なかったのだ。足をこすって摺り足とはこれ如何に、という次元で低迷している余裕はない。いまこちらは木製の棒一本を手にして、相手は白刃を振りかざしているのである。そこで、どうやって動けばよいのだ。その解答が「型」ではないか。

稽古風景

国内合宿の古い映像に、小太刀を指導するわたくしがあった。第三者の観点で自分の動きを眼にすることはめったにない。画面に映るわたくし自身の動きを他人事のように観た瞬間、それ以前よりさらなる稽古の上昇を実感でき、うれしかった。実際、周囲の弟子たちの眼にはこの映像のように映っているのかを確認したほどだ。

その第一印象は、進行方向に向かって頭上に張られた細い針金のようなものに導かれているかのごとく体が直線的に動いていく様子であった。いや、この見えざる直線を描いて身体が前方へ移動するからこそ、はるか頭上にその身体を導いてでもいるかのごとき細い軌道が見えたのかもしれない。その見えざる方向線が著しく眼についたのは、半身から半身へと変化する身体が廻りながら半身へと変化をしていないということもある。つまり、その変化の大半が消えていたため、ただ身体が直線に移動しているだけのように見えたのだ。

欧州での合宿時にも、そんなわたくしの動きを眼にした参加者から、初めて見る動きだ、体重がないかのようだ、あんな速さからいきなり静止してしまうことが信じられない、などという感想が印象深かった。

そんな秋の合宿から年が明けた三月、久しぶりに映像資料撮影の打診を受けた。前回の企画から五年ぶりとのことであった。以前の講習会形式ものとは異なった形にしたいという。企画も好都合。そこで、合宿時のわたくし自身の稽古の印象もあって、そんな稽古風景を収めてもらうこととなった。

さて、出来上がった映像資料を眼にするや一般向け商品として、やや不安になった。門人やわたくしにはもちろん充分に面白い作品であったが、はたしてこのような映像を、一般の運動を見慣れた方々がいきなりご覧になっていかがなものか、との思いであった。

基本的な説明などない。いきなり門人に対しての個々の説明であったり、稽古を通しての指導であったりする。以前の映像資料を作成したときも「お金を払って購入したのに、映っていないじゃないか」と文句が出るぞ、と冗談を言っていたくらいだ。海外合宿時に門人のために撮った稽古の映像資料も見えぬ処は見えぬままにしか映っておらず、何度観ても、ゆっくり再生しても、まったく役に立たなかったことがある。

そんなことからもことあるごとに、見えないのが真の技だとお断りしながら今までやってきた。この頃のまだまだ未熟なわたくしのそんな動きでも多少なりとも剣の動き、侍の体捌きを知るよすがともなってもらえたならば幸いこれに尽きるものである。

ただ残念ながら、この映像資料には棒術は収録されていない…。

棒術編

第四章 小手附（こてつけ）

▼小手附

小手附

受は、左上段の構えにて二歩間を詰め寄る。

取は、棒前端部近くを把持し右腰に一文字の左半身の構えにて、受の二歩目に合わせて三歩目で、棒を下から振りだし右半身となり、受に目付をし、その機先を制し、留める。

取は、即座に棒先端部を受の左肘に落としはずす。この時右手首をやや左上に上げる動作で落としを操作する。

受は目付が外れたその変化に、右ひと足を大きく踏み込み、真っ向を深く斬り込む。

取はその斬撃を受け応じて、右手を左上方へ上げ、左手を棒に添えながら左へ体を捌いて一文字腰となり、留めを打つ。

どうも、「ひょいと」など到底動けないのに、この「ひょいと」としか表現のしようのない動作が型の各所にひょいと顔を出す。

型の三本目である。間を詰めて「ひょいと」受の眼に水平に付ける。多くはこの動作を、眼を突く動作と誤解をするようだ。一本目からの棒を前に振り出すときの、あの鎌首のように柔らかく手首の操作により棒を抄い上げ、ふわりと軽く受け止めるように使いたい。一般的には、どうしてもその逆の使い方となってしまうものだ。棒先端部が下から円弧を描きながら上がるのは禁止である。一本目で正しく

三本目「小手附」

出来ていないと何本型を覚えても先に進むことはない。

ひょいと目付をなして間を抑え、空間を抑え、長い滞空時間を突いて、受をして膠着せしめているのである。そんな内容を読み取って、突きと観て取ったのなら頼もしい。

その打つに打てないつっかい棒のような状態から、その棒をひょいと外されるからこそ、受は上体が泳ぎ空打ちを余儀なくされるのである。このような棒の操作能力があって、初めて型という絵に描いたような理論を表現することが出来るのだ。それ以外は、棒で目付をしようが、外そうが、すべて隙以外の何ものでもない。払い落とされ、打ち込まれ、剣そのものに対して棒など無力でしかない。しかし、その棒を持ってして剣に手も足も出させない体術がこうして四百年を経て伝えられている。難しくて当たり前である…。

昔、富山の振武舘黒田道場で祖父修行中の頃、剣術の免許のひとりに突きの得意な人がいた。突きしか技をださない。突きが来ると分かっていて、躱すことが出来ないからこその免許の技なのだ。突き出される竹刀の切っ先を払おうとするとその前に喉に入っていたり、払ったと思った直後に遅れ拍子に突きが入ったりする。緩急自在の突きは、受けも払いもならなかった。おまけにその突きは喉に一旦入ると払い落とすことが出来なかった。突きが入ると手が返り、左手で柄頭をとんとんと叩いて壁際まで押し込まれてしまう。そして、「はい、もう一度」と言って道場の中央へもどる。それを二、三度繰り返し、「お次と交代」となる。祖父も修行当初は、分かっていて躱せずに悔しい思いをしたそうである。

この話を初めて聞いたとき、なぜ喉の竹刀を払い落とせないのだろうと不審に思った。黒田の小天狗と呼ばれたあの祖父が外せないと言うからには何かあるのだろうとは思っていた。

「小手附」（別角度から）

こうして棒術まで稽古が進み、次第にそんなことの理由も分かってきた。突きを入れられた、という時点ですでに腰が崩されている。腰の中心を取られているのだ。指先一本でも触れられた瞬間に我が身体の中心点の一点を押さえられてしまえば、相手のなすがままとなってしまう。まして、稽古が進み紙一重の勝負を争うことができるような身体ともなれば、その指一本に対して抵抗することは不可能となる。そんな稽古の常態を日常とすることが出来てはじめて祖父の言葉も理解できたのだ。一般人の感覚からすれば、何を馬鹿なことを言っているのだ、というのが真っ先に出てくる反撥、反応である。そう思うと、わたくしもようやくそんなかつての自分の感覚から遠く隔たったところへやってこられたのだと感慨深いものがある。

かくのごとく剣を持つ相手に対して充分に間を抑え、居ない処を斬らせることができて、初めて棒術という武術が成り立つ。いや、それは剣術でも同じ理論ではないか。棒術がとくに難しいわけではない、と知ることが出来るようになるのは、やはり棒術の段階を経て、それぞれの理論の核を真に理解出来て、ようやく実感できることである。

今、目付をなし、その直後の外しをもって受に我が身体の居て居ない処へ斬り込ませるというが、この制御時間の長い目付を如何せん。どうしようもない難しさではないか。だが、そんな難しさこそが武術本来の術たる部分の難しさなのである。

剣の速さに対抗しようとすれば無色無臭、色も匂いもない、そして姿形すらもない動きに到達せざるを得ない。かつてはどこの流派でも廻剣、回刀、輪の太刀などと称して太刀を円転させて振り扱うことを至極の法としていた。それが日本刀の極意としての基本操法であり、最初で最後のものだったのだ。

現今では流儀流派の型の差異が動きの質の差異となってはならないという論は、わたくしのはかない願いでしかない。

棒術編

第五章　小手詰（こてづめ）

▼小手詰
▼螺旋の体捌き
▼逮捕術

小手詰

受は左上段の構えにて二歩間を詰め寄る。

取は、右手にて棒前端部付近を把持し、右腰一文字左半身の構えから三歩を詰め寄り、その三歩目で受に目付をなすこと小手附に同じである。この時、右半身となる。

次いで、真下へ目付を外し落とす。その棒を同時に左手にて受ける。

受は、その棒先の落ちて空いた取の真っ向を打つ。

取は体を左へ捌いて、右足を同時に斜め左後方へ開いて一文字腰となり、右手を返して棒を直線に落とし、受の小手を打つ。と、同時にそのままの体構えで、すり込んで突きを入れる。

次いで、以下のとおり残心を為して、引き下がる。

右足を元の中心線上、斜め右後方に送るとき切っ先返しの構えとなり、右手を右腰にもどし中段になおるとき左足も中央にもどる。

螺旋の体捌き

螺旋に動くものはこの世に数々あるが、人の身体が作り出す見えざる螺旋はなかなか見ることはない。

「小手詰」

そもそも身体が最短最小の直線運動によって生み出す螺旋は、元の直線運動により、それが螺旋の運動効果を持つものであることを見えにくくしている。身体そのものを螺旋に捻り曲線運動を連続させることとは訓練をした人ならばそれなりに表現することも可能であろう。

くどいようだが、順体、等速度…という大原則が剣の世界の絶対的な掟である。そこでは身体そのものを見た目の柔軟性や可動域の拡大という形で働かせてみても無意味である。それは、剣の世界における身体とは異なるものだ。確かにわたくしの体の動き具合を弟子たちと較べれば、今日の状況において、たしかに見える部分、見えない部分を含めてわたくしのほうが、明らかに効率よく動いている。海外の弟子がわたくしの両肩甲骨の間隔が一般の人より広いという点に気づき、たいへん興味を持ったとのこと。たしかに居合の鞘引きで述べたとおり、腕を引いて鞘引きを行うのではなく、その腕を引くために肩甲骨が直線的に引けるほうが身体の乱れもなく、より効率的であり、高速度的である。それゆえ、よく働く身体では、稽古着の下の身体の動きは表面には現れない。まさに「ひょいと」手を動かしただけで太刀が抜けてしまっている、という感がそこにあるのみである。身体を騒々しく動かした結果、太刀が一見凄い速度で抜けた、という壮観はそこにはおこらないのだ。

ここで言う螺旋の体捌きは、捻ってはいけないとされる身体に、その螺旋の軌跡が要求されているのである。順体に則り、けっして腰構えを崩さず捻らないのだ。

螺旋に動いていて、その動きを消す見えざる螺旋でなければ消える直線の剣に対抗することはできない。螺旋とは言い条、その本質は、あくまでも直線に支えられたものなのである。時宜に応じて使い分ける技を、型だからこそ修錬することが出来るのである。

その螺旋を型で学んでいるからこそ、いくらでも応用が出来るのだ。

柔術に達磨返しという愛称で呼ばれている型がある。受が手を取られまいと踏ん張ったとしても、それに対して螺旋に操作することで容易に受を崩すことが出来る、というものである。その螺旋はどうやって創るのか。理論に従うのみである。

型というものは、これほどまでに人の身体はいかに動かないかということを熟知しているのだ。

逮捕術

その螺旋の使い方を具体的に修錬するのによい遊び稽古がある。こんな遊び稽古が始まったのも次のような経緯からである。

二〇〇〇年の四月のテキサス合宿でのこと。主催者のひとりの警察官からこんな質問が出た。

「センセイは力を抜けと言うが、我々は日常業務としてこのような危険な仕事をしている。たとえば拳銃をいきなり発砲される事もたびたびだ。そんな中で手錠から逃れるためにいきなり地面に腹這いになり両腕を胸の下に掻い込んで抵抗をする者もいる。こういう場合の対処法として、我々は肩を極めるようにして逮捕せんとするが、極められそうになる瞬間、もう片方の手からナイフが飛び出す…」

業務としてあくまでも「丁寧に」対応しなければならないそうだ。けっして急所を攻めたり、警棒で暴力を行使したりしてはならないのだ。わたくしはそんな彼の仕事に対する態度を聞いて志の高い立派な人物であると感激した。その彼の日常業務としての逮捕術を見せてもらえば、両手で被疑者の肩関節を攻め上げながら、その腕を捻り上げるようにして背部に廻して手錠をかけるというものであった。当然、いくら合理的な逮捕術とはいえ、体力的なものは必要である。相手は手を取られないようにと力んで逃げの一手に出ているので現場の生々しい緊張感が伝わってくる。

これを良い例として、直線の運動に支えられた螺旋の動きというものを理解してもらうための遊び稽古がひとつ出来た。

いきなり腹這いの相手の腕を確保する具体的な練習は難しい。まずは理論的体捌きに集中するため、正座または立ち姿勢からの稽古とする。

受は、腕を胸に強く押しつけて抵抗した形を取る。

取は、その拳にごく軽く手を添える。この「軽く」という感覚が初心者にとってはどうしても軽くならない。それなりの物理的な力を受に与えるほどしっかりと添えてしまうものだ。ここが武術の術の世界との境ではないかという気がする。我々が「軽く」という意味は、一般人の感覚の軽さとは大いに異なる。この感覚が捉えられなければ、あるいは捉えようとする志、集中力がなければ、ただの暴力、力比べの世界の範疇での軽さで終わってしまう。

受の拳に浮いた手を添え、その姿勢から順体法を基本とした身体操法を行うしか無いのである。受の右手を確保しようとする場合、取は右手を軽くその受の右拳に添え、左手は受の右肘に軽く添える。同じ圧力、触れ方でなければならない。軽ければ軽いほど、より軽いほど、さらに軽いほどよい稽古が出来るものである。

遊び稽古「逮捕術」

柔術「達磨返し」を利用した逮捕術。

テキサスの警察官の彼は、当然のことながら、眼の色を変え夢中になって稽古をしていた。力の絶対否定という難関を、彼は彼なりに日常業務を、また稽古の場として克服してくれた。およそ十年後、メールでそんな状況での逮捕、確保に以前と比較して楽々としかも素早く処理できるようになった、と知らせてくれた。十年の間に型も進み、遊び稽古も数多く繰り返した。その十年を長いと感ずるか否かはその人の志次第ではないだろうか。たしかにもっと手っ取り早い方法論の世にあることは彼もとうに承知のことである。残念ながら、道のりの長いわたくしの流儀を学ぶことになった。これがご縁というものであろう。彼は、その縁を結んでくれたのだ…。

余談になる。その彼はその後、日本でいう刑事の試験に受かり、ポリス・アカデミーに入学し、資格を得ることになった。晩学の彼は同級生(三十代前後)からするとずっと年配の高齢者(まだ五十代だが)であった。その中のひとりが善意からか、そんな彼を「俺が面倒をみてやる」と思った。そして、道場での訓練の時、若い彼の思いの外、彼の動きは(消えて)速かったらしくひょいと若い彼を担ぎ上げて、加減をして投げ下ろしてやったとのこと。まさかのことに驚き、感激した彼は、昼食をおごってくれたそうである。めでたし、めでたし、と終わりたいところだが、彼のメールにはさらに「わたくしはみなさんより歳をとっていてカタツムリのように遅いかもしれないが、ニホンのわたくしのセンセイはわたくしより老齢だが電光石火、動きが見えないくらい速い…」などと付け加えたので、みな驚いたとのこと…。

若い生徒たちを前に、彼の歳からすればそんな自分の武術的な動きの根幹の寄って来たるところを説明したい気持もよくわかる。冗談の好きな彼ゆえつい口も軽くなったのであろう、と思うしかない。このような物言いは誤解を招く。だが、祖父が言っていたが、歳を取ったら取ったように動けばいいじゃないか、とはこんな時に言うことなのだろう。わたくし自身若い、若い、未熟と思っているうちに還暦を過ぎ、その半ばを迎えようとしている。それなのに、まだ稽古が楽しくてしようがない。それは上達という道が延々と果てしなく続いているからに他ならない。

伝書に、かくのごとく我々を訓戒してくれている。

強身に行き当たるを下と云、まるに柳を上手と云う右歌のごとく強き者につきあたるはあやまりなるべし。是をすなわち下手と申すべし。何事も柳の柔らかな枝に鞠の従うがごとくやわらかく受ける、また流す事肝要なり。この歌の心から察せば力は限りあるものなり。業は尽きざるが故に、たとえ剛の者に弱き人が勝つこと有るべし。是すなわち武術の業は尽きざる処にして頼もしきことと也。

運動が得意ではなかったわたくしは、このような文章を眼にして、手を合わせてそのように成りたいと願ったものだ。どうしたら弱いわたくしが強い人に立ち向かえるのか。その手だてをどうぞ教え、導いてください、と。このような伝書の断片の記憶が、心の奥底に息づいていた。しかし、たしかにその当時のわたくしは普通の身体であった。力を抜いても何も起こらず、何もできない。それでもこの文言が心から離れなかった。

遊び稽古「逮捕術」

うつぶせの相手に対する逮捕術。

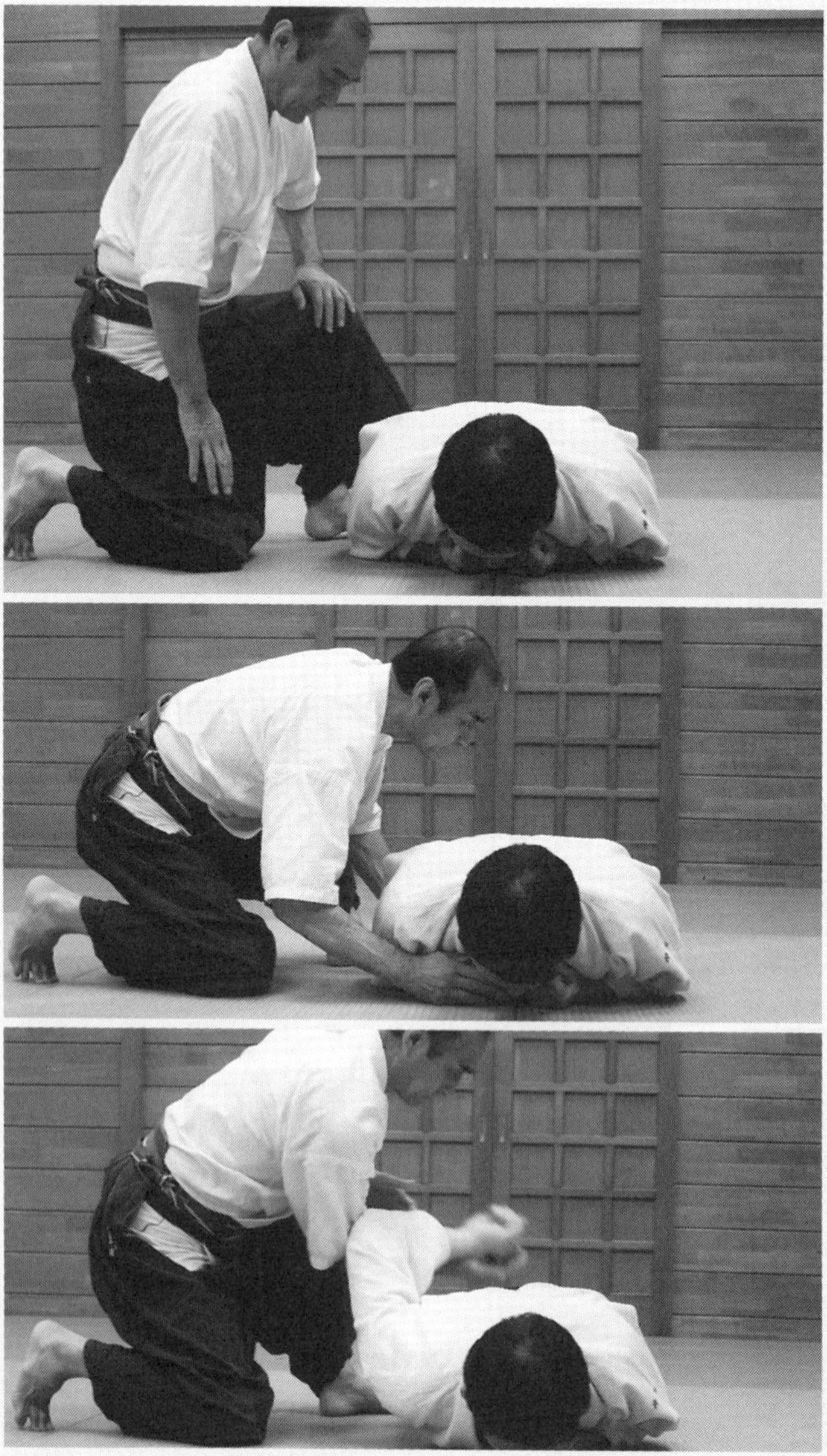

さきほどのテキサス警察官氏の得意技である。螺旋の動きと言い条、理論通り、そこには順体、直線の動きしかない。現代風に云えば、直線の動きに支えられた螺旋の動きから生まれるベクトル、すなわち皮膚では感知できない方向の力により腰の中心を制御することが可能となるのである。そこでは当然、力を使って操作をすることを「下」とする。

抵抗する相手の力にぶつからない動き方というものが武術の骨子である。ただ力を抜いて動くというだけでは当然のことながら、力んで抵抗をしている相手に対しては動くことすら出来ない。そこに螺旋という抵抗しがたい運動をおこなうのである。その螺旋は見えざる螺旋運動、すなわち理論的な身体運動から生まれる螺旋でなければならないのだ。順体を徹底しなければならない。それゆえに、安易にその形を真似してみても理論的根拠のない我流の動きしか出てこないものである。

棒術編

第六章　主人（あるじ）

▼主人
▼斬らせる
▼主人の留め

主人

受は二歩の間を詰め寄る。

取は左半身にて棒の半ばを持ち右腰に水平に構え、三歩を詰め寄り、体を沈め右足を左前方へ踏み出し、右手を棒先端部へ滑らせて受の脛を払う。

受は脛を払われ、前方へ深く斬り込む。

取は、そのまま棒を左上に引き上げ、左足を右足に寄せ、体を入れ替えて一文字腰となり、留めを打つ。

主人と書いて「あるじ」と読む。型の手順は、かくのごとく簡明である。とくにこの型が難しいというのではないが、いっけん簡単にみえるだけに難しい。が、その難しさがまったく見えない。単純、簡単な動作、操作になればなるほど自己の伎倆で見えた範囲のものしか理解出来ないものだ。そのため学習者から出てくる動きの大部分は我流の動きとなる。

そのもっとも難しい部分は、言うまでもなく二歩詰め寄ったあとのひと足で受の斬撃を躱すということに尽きる。体を沈めながら、大きく右足を左方へ踏み込んで太刀を躱すことなど、当初は誰もできないものだ。足の速さ、脚力の強さなどには頼れない世界である。普通の動き方では、受の太刀は一本目から経験してきたように我が身体を追って追い続けてくるのだ。体を開けば開いたほうへと太刀は打ち込まれる。高速度で振り下ろされるときの太刀の速さはおよそ弾丸の三分の一程度だという。そういう

五本日「主人」

世界の太刀において、「受が斬ってきたから体を躱すのだ」などという稽古法は存在し得ない。そんな速い動きの人間など存在しないのだ。だが、そのような誰にもおいそれと容易にはなしえないことを、小天狗と異称された人が残した型は要求しているのだ。そこにこそ人対人の理論としての「術」というべきものがひそんでいるのである。その動きと心の働きの理論を、型を通して学ばないかぎり高速度の真剣に対処することなど到底不可能だ。この斬撃の一点の間をすべて我が物として、受との相対関係を制御掌握できるからこその「主人」なのである。

それゆえに逆にゆっくりと動いている相手に打ち込まれるということも起こってくる。身体の理論化により遅速不二という世界が現れることはすでに何度か述べたとおりである。速くても遅い、おそくても速いということは現実に眼にすることで武術においてはすでにそんな事象は基本とさえ言える。これは、明らかに見えない世界の理論である。眼に見えて数式で理解出来る世界のものではない。老名人の動きを超高速であると理解することのできる理論体系を有する世界の出来事である。この世の中には理屈や科学で証明出来ないことのほうが多いではないか。

足で床を蹴ってはならない。順体により体を捻ってはならない。等速度、力の絶対否定等々すべての理論から外れずに動けた時、受の斬撃は逸れるのだ。心の働きを伴った、居ていない処を斬らせる術を学ぶことが、ここで修錬すべき重大事なのである。

斬らせる

とにかく相手をして斬らせる、ということに精神を集中させることだ。斬らせるという意味は何度も説明するようだが、受を崩し、虚をつくらせ、つい手を出さざるをえない状態に追い込むこと、あるいはそのような状況を作り出すこと、それらを可能とする身体の働き、変化、動作そのものを作り出すこと、などである。

型は理論であり、その中で受は攻撃者であるという前提がある。そして、その受は最終的には斬られ役となる。しかし、取の動くべき間、抑えなければならない間を学ばせるために上位である受は取を斬ってしまうことがある。すでに述べた、尻や背中を斬られ続けて稽古が上昇するというものである。この「主人」のような単純な動作の型の場合、受がただ漫然と受を取ってしまうと最も大事なところが勉強できなくなる。ただの運動になれば、その型は形骸でしかない。型は理論であるが、やり返しの効かない真剣勝負の場でもあるのだ。

膝を曲げて体を沈める、と文字で表された動きは誰にでもできる。しかし、その誰にでも容易に出来る動きでは、斬られてしまうのだ。居ていないところを斬らせることのできる動きでなければならないのだ。

祖父泰治が腰を沈めるのがなかなか難しいと述べているように、柔術で体を沈めることの難しさを学んでいなければ、この棒術の難しさなど理解できない。その身体の沈め方とさらに斜め前方という方向

「主人」（別角度から）

性の難しさも加わる。その動き方そのものが出来るようになっても受の動きの頭を取ることができ、さらに同時にひと調子に身体が動くことが出来なければ、そこに真の型はないのだ。そして、このことが反射運動を意味していないことは再三述べてきた。相手の思念の気配を察知したときに、同時に身体が働かなければならない。相手の動きを見て、瞬時に反応を起こすのでは間に合わないし、いくら速く動いても斬られることに変わりはないのである。

このように、相手に斬らせることが出来るからこそ、受は思わず崩され、吸い込まれるような感覚となり、いかにも空を斬らされてしまったという形になるのである。ということは、実際の竹刀稽古などのような場合、さらには実戦などという場に思いいたせば、そういう術技を相手が駆使してくるのは当然のこととなる。だから、そんな術技にいたずらにかからぬようにすべて制覇してかかればよい、そんな崩しにはかからぬようにすればよい、と思うのは誰しも同じだが、剣の速さ、遅速不二の絶対値の速さを追究し、その途上にある生半可な稽古、修行ではそうはいかない。相手の伎倆が僅かでも上ともなれば制覇は不可能となる。それゆえ往時は一級どころか名札一枚ちがえば稽古においてその相手を凌駕することは不可能だったのである。

それを初めからそういう技にかからぬようにと用心して体勢の崩れを極力避けるようにしていくことも個人的な問題としては出来るが、それは元々それなりの自力のある人にして可能なことだ。斬る役ばかりで、斬られ役はいやだというのでは型稽古としては成り立たなくなる。というより、上位となるために受を数多く取るということは稽古の常道である。竹刀稽古においても、打たれて稽古せよというのは道理である。理論を学ぶためには、侍たるべき生きた相手が必要である。

主人の留め

動きが単純になるほどそれを支える尨大な心身の働きが必要となる。

斜め左前に右足を踏み込み、体を沈めると同時に右手棒で受の脛を払い、そのまま右手は連続して我が左上方へと引き上げて左足を右足に踏み揃え、同時に左手を棒に下から添え、体を受に対して左半身となるように捌いて一文字腰となり、棒を返して上から受の首または背を打ち下ろす。

右足を左斜め前に大きく踏み出す動きは至難である。斬られ斬られてその末に出来るようになるのだろうか。無足の法という理論に集中するしかない。この時、右手に反動を付けて動かせば、それも受の眼にしっかりと捉えられる。足の使い方ばかりではない。すべての動きを消さなければならない。足を揃え、反転して留めを打つが、体が廻ってはならないのだ。棒は円を描いて水平に留める。その棒の円転は身体手足の直線の動きに支えられなければならない。それぞれの動作はすべての人を寄せ付けない難度を有している。

棒術編

第七章　笠懸（かさかけ）

▼笠懸
▼年初のひとり稽古
▼手癖の排除

笠懸

三位一体の武術的身体を求めて、柔術、剣術、居合術そして棒術と概観してきた。いくら言葉を費やしてみても身体がそれを理解しないうちは永遠に分からない世界だ。

軽く触れる、軽く持つというが、いくらそのつもりでも相手がもっと軽く柔らかであれば、相対的に自分は固く重いことになってしまうのだ。稽古を続けていれば、手を重ねただけでその差は歴然とする。

稽古中の門弟がだいぶ滑らかで具合が良さそうなので、受を取ってみれば軽くもないし、ぶつかってもくる。相手次第でその内容の評価は大きく変わる。すべからく相手にけっしてぶつかることのない絶対値の軽さを希求しなければならない。

ぶらぶらと棒をついたり、担いだりと、昔ならごく日常的な姿で有りながら、それを小天狗と言わしめる身体の有り様はどんなものであったのか。いままさにそんな往時の侍の身体を学ぶことが可能なのは型という遺産があるからだ。

受は、左上段の構えにて二歩間合いを詰め寄る。

取は左半身、左手にて棒を左の肩に乗せて右足から二歩あゆむ。その棒の先端には笠を懸けている事を想定した姿である。

取は三歩目のひと動作にすべを合わせる。すなわち、右手を棒端に懸け、体を大きく前に延べ、棒を

六本目「笠懸」

「笠懸」（別角度から）

直線的に振りだし受の脛を払い打つ。受はそのままの体勢で後ろへ体を引き、棒を外し、すぐさま右足を大きく踏み込んで取の真っ向を深く斬る。
取は右足を左斜め前方へさらに滑らせ、棒を右肩に防御しつつ受け流し、受を誘い崩しつつ左足を右足に踏み揃え、体を入れ替えて左半身一文字腰となり、留めを打つ。

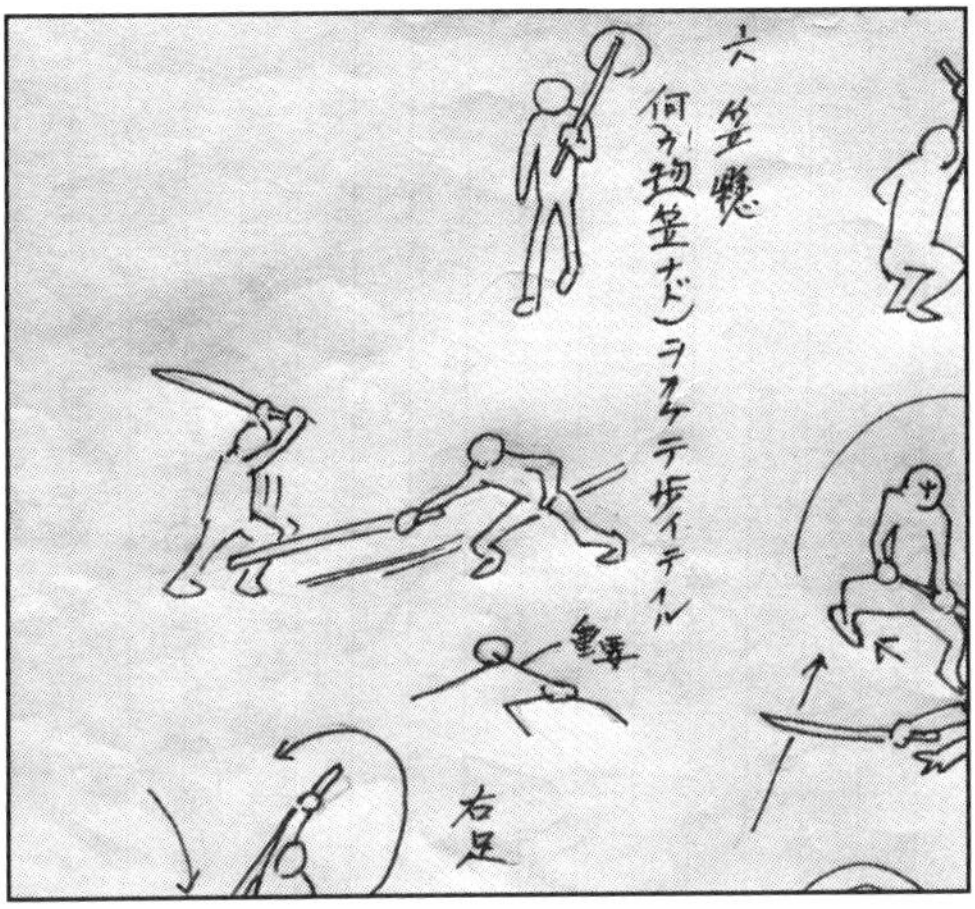

著者の大学時代の稽古帳より「笠懸」

二歩の間を詰め、三歩目のひと足を大きく前へ滑り込ませる。この時、ひと調子に右手を棒にかけ、体を前へ延べるようにして受の膝または脛を目がけて棒を振り出す。この振り出す動作は、身体、棒が共に笠をその空間に置きざりにして消え、その笠だけが下へ落ちるように動くのである。棒を柔らかく引き出すと説明してもその真意は不明だろう。もちろん力に頼って素早く振り出そうとすることなど論外である。この時の「体を延べる」という事項に関して大学生時代の古い稽古帳に下手な図とともに「重要」と書き残してある。祖父に教えられたままを即座に記録したものだ。その大事さは具体的にはまったくわからなかったが、その大事であるということこそがわたくしにとっては大事だったのだ。いま眼前の

体を延べる

棒を振り出しつつ、体を前へ延べる。

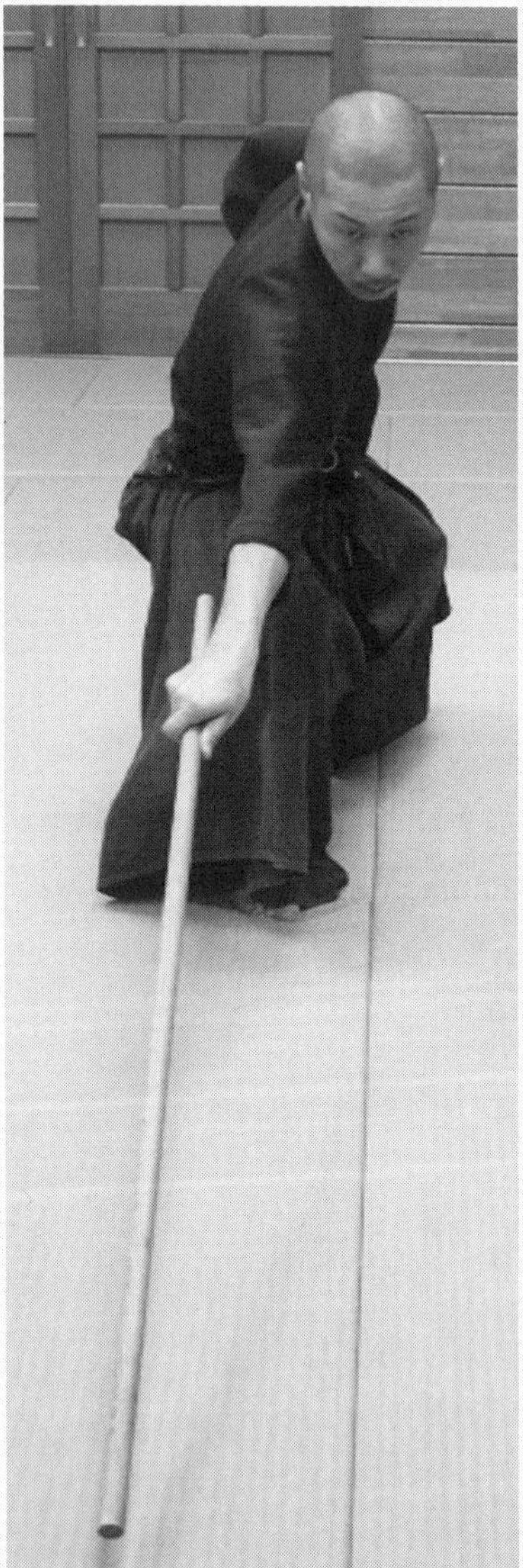

相手が太刀を振り下ろそうとしている処を、大きく体を前へ延べること自体、わたくしの遅い動きでは間の抜けた動きにしかならなかった。しかし、そこに大事があるというのであれば、その型をだいじに守らなければ、祖先の残した大事は成らない。

この棒の振りだしのひと動作を、居合術の抜き付けと感覚してもよい。手首をこねれば棒が大きく左へ膨らみ円を描いて間遠くなる。手首がさきに引き出されれば棒があとを追いかけ、前方で小さく弧を描いて出る。いずれも自他共に丸見えの情けない変化となり、とても剣には対処できない。加速度的な運動は禁忌である。稽古の難度を自分自身で絶えず上げ続ける努力をしなければならない。そんな大事が稽古と共に少しずつ体感を伴い見えてきた。どれほどの大事であるかは、自身の稽古の深まりと共にしか理解することは出来ない。

年初のひとり稽古

二十歳代の頃は、年初二日に決まって初稽古をひとりで行っていた。居合を抜き、太刀、小太刀の型をつかった。とくに祖父が居合は剣術中の精髄であると言っていたその居合は、稽古相手のいなかった当時のわたくしにとっての重要なひとり稽古であった。そして、その年初の居合は、まだ抜けぬ、まだできぬと確認する作業でもあった。

と、こんなことを述べるとそれなりに稽古の積み重ねがあると誤解をされるかもしれない。わたくしの運動能力や専門家としての稽古量の貧弱さは折にふれ、縷々述べてきたとおりである。言わばなまくら稽古ながら細く長く続けてきたということだけが今日のわたくしを創っているに過ぎない。

ただただ古伝の型を墨守してきたら、そんな運動能力とは無関係の世界がまさに自分に伝えられた型の世界であったということだ。型を正しく学ぶと云うことはどういうことなのか。若い頃から一般世間における武道の型、古伝の型との違いようは実感していたことである。現代社会において大きな違いのあることは、我が型と比較するまでもない。そんな世間の風潮に迎合することなく型を守り続けてくれた祖父、祖先のおかげで奇跡的と云っても過言ではないほどの、まさに古の侍たちの学んだ型そのものがわたくしの手に伝えられたのだ。その型が、鈍足のわたくしを速くしてくれ、固い体のわたくしを限りなく柔らかくしてくれた。それは年齢には無関係の速さ、柔らかさである。若い頃、その運動の遅さ、筋力の至らなさを自覚していたわたくしが加齢と共に年々歳々、速さ、柔らかさを増していけるなど夢にも思わなかったことだ。その嬉しさ、ありがたさに対してただただ祖先、先達に手を合わせるのみである。

と、またここで誤解のないように説明を加えなければならない。祖父泰治は歳を取ったらとったように遣えばいいじゃないか、と気楽な応えようであった。わたくしの若い頃の質問に対しての答えであった。十年二十年稽古をしなくとも技は落ちない、という祖父の言葉は胸にしみた。練習により一度身に付けた自転車や車に乗れるという技能は、その後の年齢には関係なく発揮することができる。操縦、運転の能力の高低はあるにせよ当たり前に乗りこなせるという伎倆はそのままである。たしかに生理的、肉体的に老齢化したらそれに応じた運転をすればよいだけのことだ。若い頃に自転車で登れた坂道も老齢になれば押して歩くようになる。武術であるから若い頃、壮年の頃と同等の力量を保持し続ける努力、練習を怠ってはならない、というのはひとつの考え方でしかない。そもそも若い頃の絶頂期に出来たことを保持し続けようすること自体、運動の世界では不可能な事ではないか。武術の術というものはそういう次元には存在していない。少なくとも祖先伝来のわたくしの武術の考え方ではない。武術の世界では、そもそも若い頃は未熟ではあっても絶頂期などというものはけっしてないのだ。わたくし自身を顧みても、いま現在が絶頂期なのだ。それは眼に見える速さ、筋力を絶対否定した世界から由来する実感なのである。

そんな型の世界で、なまくら稽古とは言え、道場に生まれ、物心ついた頃は大人と稽古をしていた。いつから稽古を始めさせられたのかは記憶にない。そして修行人生は、はや還暦をとうに過ぎた。道場で生活をしているかぎり、その術の深まりを絶えず肌で感ずることができる。ありがたいことだ。神霊、祖霊に感謝をするばかりだ。

手癖の排除

門下生のそれぞれが時間をかけて手に入れようとする武術的身体は、誰のものでもない。その人それぞれの奥底にあるものだ。だが、わたくしなどより運動神経のよい方々ですら、素振りの手癖がなかなか取れない。当初はただたどしいだけで癖らしいものはそのたどたどしさに埋没しているが、次第に慣れるに従い我が出たり、地が出たりする。その人特有の手癖が眼につきだす。

流祖の駒川改心でさえ、十数流の剣術の免許を取ってすら、師の上泉伊勢守は手癖があるといって許してくれなかった。居合ですでに一流儀の師で有りながら、その手癖を直すのに林崎甚助に就いて十数年を費やした人もあるくらいだ。本当のことを追究する姿勢とはこうしたものなのだろう。師伝、直伝で手直しを受け、稽古を続けていけばいつの間にか十年、二十年が過ぎてしまうのだ。極意、秘伝などというものは眼の前にぶら下がっているようなものかもしれないが、促成栽培のようなわけにはいかない。人の身体というものは安易には動かぬものだ。型の要求する形と自身の身体の形とをよく見比べ、その差異を適確に掴むことが稽古の本旨となる。その型との差異が自己の歪みである。型を正しく知ることに全力を尽くすという祖父の言葉は、まさに武術修行の神髄を語っている。

棒術編

第八章　腰掛

▼腰掛
▼見て見えず

腰掛

受は、左上段の構えにて二歩間合いを詰め寄る。

取は、左足を前にして腰の後ろに棒を横一文字に構え、三歩を進む。

受は、機を見て取の真っ向を斬る。

取は右ひと足を左斜め前に踏み込み、斬撃を躱す。この時、両手を棒の左方へ移動させ、棒の右端を下げ下半身を防御する。

受は左より太刀を返し、即座に取を追って、太刀を打ち込む。

取は、右足を右へ大きく移し左足を引き寄せ、斬撃を躱す。この時、両手は棒の右方へ移動させ棒の左端を下げる。

受は太刀を右から返し、第三の太刀を振りかぶる。

取は、その瞬間を抑え、左足を踏み込み、一文字腰となり突きを入れて留める。


右の通り、この型は第二本目の「背」と対を為すものである。棒の位置が首ではなく腰になっただけ、とは云いかねる。それぞれの形が異なれば、言うまでもなく筋肉の働きも異ならざるを得ない。満遍なく身体を自在に働かすためには、わたくしのようなものにとっては種々の型があったほうがありがたい。天才武士のみが型は少ないほどよいという核心を直感するのみである。

七本目「腰掛」

留めの突きを入れる身体の動作線は鋭角を描くことを目標に稽古をすべきである。足の位置を直線上に置いていくだけでは直線の体捌きは生まれない。斬られ斬られて、斬られるその斬撃の直線を具体的に躱すことのできる身体の捌きを求めなければならない。上下の直線に対して幅を持つ斜めの体捌きで勝利を得る、あるいは状況の逆転を生む術技こそが春木小天狗流棒術では要求されているのである。

小天狗流の棒術における体捌きは、無足の身体があってはじめて動くことの可能な型々である。足を使うな、蹴るな、という方便は、いきなり一般的な身体にはまったく馴染まないものだ。ここに来て難しい、はない。それは初めから分かっていることだ。一本目から斜めの体捌きであることを知った時点でその難しさに臨む覚悟は出来たはずである。わたくしは初めから基本を指導している。その基本は極意だからこそ修行当初から時間をかけて学ぶべきものなのだ。いまこの小天狗様の棒術は、いきなり無足の法を縦横無尽に遣うことが要求されている。一般人の感覚、動きからすればまったく非常識でつかえない型ばかりとさえ云えるものだ。いや、古伝の型の多くは現代人の眼からすればそんな思いを抱かざるを得ない形を残している。だが、それが型なのだ。そんな非常識と思えるほどの人対人のやりとりにこそ、命を懸けることが出来るだけの術を包含しているのである。

ここに正座から礼式をなし、足を一般的な足使いとして使わずに立ち上がる遊び稽古がある。いや、柔術の型にあるので、たんに遊び稽古とは言えないかもしれない。

礼を終え、上体を起こすときに腰を伸ばし、その体の起き上がる力を利用して両足を前に引き出すものである。正座からの飛び込み技のように見える。脚力を使って同じことをしようとすれば、膝などに

柔術の技法

座ったままの態勢から、身体そのものを移動させ、等速度運動で相手との間を詰めていく。

大きな負担がかかり、怪我をしかねない。稽古で大きな怪我をすることはもっとも忌むべき事である。大事を取って手掛かりとなる動き方から入るほうがよい。

礼を施し、頭を上げる間に両足趾を立て、腰を後方へ引き上げ、上体を前に起こし上げて飛び込むのである。この時、脚力の蹴りを積極的に使ってしまえば意味のない稽古となる。等速度に動くということを意識するのも大事だ。足音を立てずに受の全面にふわりと飛び込む形が欲しいものだ。それは消えた身体を意味する。

柔術の無足の法により、そんな足が身についていれば棒術もそれほどの困難さを感じずに済むことだろう…。

見て見えず

だいぶ以前になるが、関西合宿の時、こんなことがあった。

大阪駅で午前に合流した弟子たちと共に電車を乗り継ぎ、待ち合わせ場所の現地駅前の食堂へ向かった。信号の向こう側にある食堂の駐車場から、先に着いたひとりの弟子が出迎えにこちらへと向かって歩いてくる。信号の手前で彼は会釈をして我々を待つ。我々が渡ろうとした瞬間、信号に引っかかった。青に変わるまで待った。そのあと合流したとたんに彼が驚いたように口を開いた。わたくしが信号で停止するその時まで、彼はわたくしが彼の前に居ることにまったく気がつかなかったと言うのだ。わたくしは弟子たちの先頭集団を彼に向かって直線道路を歩いていたので、てっきりわたくしに対する挨拶であると思っていた。しかも、その時のわたくしは集団の中で一見して目立つ赤いパーカー姿であった。それなのに彼が会釈をしたのはわたくしに対してではなく同じ稽古仲間に対しての軽い出迎えの挨拶であったのだ。

また、その食堂での昼食を終えて外へ向かうとき、別の弟子からこんなことを言われた。何か赤い布のようなものが通ったと思ったら、あとから他の弟子たちが続いて出て行った、そんな印象を持ったというのである。あとから出てみれば、たしかにその赤いものはパーカーを羽織ったわたくしであったという。その時の彼の眼には何か赤いものが一瞬通り過ぎた、という感じだったとのことであった。わたくしはみんなと同じ歩調であった。この彼はまた稽古後の風呂場で、いきなり彼のとなりにわたくしが現れ、いつの間にか体を洗っていたので驚いたと言った。わたくしだけ他のものより速く動いていたのではない。みんなと一緒に行動していたに過ぎない。だが、彼らの感想から、日常の動き方、身体の在り方の差異によって、明らかにそんな錯覚を与えることがあることを知った。

そんな感想を聞いたとき、振武舘の正中線が脳裏に浮かんだ。みな、理論によって支えられたこの正中線の攻防を学んでいるのだ。当然、その変化移動の遅速を捉える能力を持つ人たちだ。先の感想を述べた人たちは、この当時で入門して六年を経過していた。構えを取らず自然体で、しかも無足の法に適った歩行をしていれば、その正中線は点となり、その身体はそこにあってないも同じだ。手や足からではなく、身体の中心そのものがいきなり移動を始める点の間の速さを知る人たちの眼がそこにあったのだ。

一般的に、人を含めて動物というものは加速度的な動きをするものに対しては敏感に反応するが、一定の速度で動くものには反応しない、あるいは反応しにくいらしい。等速度で動かれ、攻撃されるのはまことに生理的にも肉体的にも反応しにくいようだ。そこで我が門人たちも、絶えずその本体を見極めようとする。または、そんな動きをする相手から速い時点で回避行動を起こすようになる。そして次第に遅速不二の速さ、消える速さ、見えない速さを感知する眼（脳）が養成される。普通人を観る眼で見ていると頭が切り替わっていないぶんそんな身体を確実に見落とすことになる。眼には映っているが脳は察知していない…。

そんな合宿ではこんな遊び稽古をした。

受は正座で取の手を把持し、取の動きを見て返し技などを施す。

取は、そんな受に対してひたすら理論的な動きに集中するのである。

順体は当然のことながら、持たれた腕を消す、ということも考えなければならない。そして、受にぶつからずに歩いて、その受の腰を崩さなければならないのだ。歩きはじめの一歩に集中することになる。その第一歩をどのようにすれば、等速度で動き始めることができるのか。普通に立っていたのでは、その第一歩は永久に踏み出せない。足を踏み出そうとすれば、その直前に反対側の足への重心移動が瞬間的に起こる。それは受の察知するところとなり、返し技を呼び込むこととなる。

無足の法の原理原則が倒れることを利用する、ということであった。では、そんなに簡単に身体を前へ倒し、それを利用して足を前へ踏み出すことが出来るのだろうか。苦労せずにだれも出来はしない。

遊び稽古

手や足からではなく、本体がいきなり移動を始めることで正座している相手にも止められることなく歩くことができる。

倒れること自体に足を使ってしまうため、頭で理解したほど簡単には機能してくれないのだ。歩いては駄目、倒れても駄目、何をしても駄目の連続である。当然、自我の工夫など歯牙にもかけてもらえない。現在の自身の駄目な動きを、駄目だときちんと理解をした上で、たえず意識による矯正のかかったその下手な稽古を繰り返さなければならない。

高度な術技の獲得に集中することにより、正しい構えを修得し、やがて上手となっていくその姿こそが、「道」そのものともなるのだ。父は、術を学んで「みち」はそれぞれが悟るものだと言っていた。我々にはまさにその唯一の手掛かりである「術」しか残されていないのだ。そんな道を悟ることが出来なければ、殺人剣という業に甘んずるより他はない。そこには救いなどあり得ない。両刃《もろは》の剣《つるぎ》ならいざ知らず、太刀、打刀となり、型という体系を得、活人剣というからには、救いの道があってしかるべきである。

棒術編

第九章　棒術「裏」

▼順礼

▼水引

順礼

受は、左上段の構えにて二歩、間を詰める。

取は右手にて棒を杖について、その間を三歩で詰め寄る。その三歩目に棒を正面に立てる。立てた棒に正中線を重ねる。また身体を棒に隠す。

受は、その変化に虚を取られ、真っ向を斬り込む。

取は、その斬撃を受け、棒の先端を着けたまま棒と共に体を右へ倒して躱す。右足は右へひと足開く。

受は、即座に太刀を右から返して追い打ちをかけんとして振りかぶる。

取はそこを取って、左手を下から棒に添え、同時に左足を右足に引きつけ、右手を順に返して棒を抄い上げ、左足を受に向かってひと足踏み込み、中段に目付する。また同時に体構えはそのままにすり込み、顔面（鼻）または小手を打つ。


若い頃のわたくしならば、武術において、このような説明を聞けば顔を背けたものだ。きちんとした術技に関しての説明ならば、いくらでも耳を傾けるが、棒に身体を隠すだの消すだのと映画や漫画の世界のようなことを言われては困る、それでは稽古のしようがないではないか…。そんなわたくしがいつの間にやら自分の口からこのような説明をするようになった。いやはや、まさに力では行くことの出来ない術の世界とは、このような説明しかできない処だったのだ。しかも、それは当然そうならなければ

八本目「順礼」

ならないものなのだ。

具体的な型を理論として学べば、そこには抽象化された、眼には見えない術しか表れない。

抽象化された身体が動けば、その動きはすべて見えざる直線となる。肩を開く、胸を開く、あるいは引くと言うが、直線の動きに支えられたそれぞれの体捌きは、肩をぐいと開いたり引いたりなど個々の動作としては見えないものだ。充分大きく動いているにもかかわらず、ほとんど動いたようになど見えない。体育的に大きく動くという眼に見える大きさとは大いに次元が異なる。最大に動いて、働いているからこそ、最小の動きしか生まれないのだ。

水引

受は、左上段の構えにて二歩、間を詰め寄る。

取は、棒を腰の後ろに一文字に構え、三歩進み寄る。その三歩目は右足を左前に大きく踏み出し、受の前足を打ち払わんとする。

受はこの脛打ちに対して、その構えのまま引き下がって打ちを躱す。即座に受は取を追って右足を大きく踏み出し、取の真っ向へ斬り込む。

取は右足を右へもどす時、棒を体の後ろから廻して左手に持ち替え、右へ引き寄せるとき左足も同時に右足に寄せて受の斬撃を躱す。と同時に、左足を踏み込み受の右脚裏に棒を差し込む。次いで、両手

九本目「水引」

「水引」（別角度から）

を入れ替える動作に足の入れ替えを同調させ、右足前となり体を沈め、左膝を折り敷いて、受の膝を折る。

ここに至り、ひとつひとつの動作、棒の操作に関する注意点を述べるとすれば、今までと同じことを繰り返すしかないので、もうこれ以上の説明は省略させて頂く。してはいけないこと、しなくてはならないことは、どこをとっても同じである。型の通りに修錬を繰り返し、その動きを理論化するしかない…。なお、受の前脚の後ろに棒を差し込み、その膝を挫き落とすという点については、おそらく多くの方は棒によって膝裏の急所などを強く押し込んで挫き落とすものと解釈するであろう。そういう世界とは別次元にこの型本来の本質は存在している。棒は触れて触れず、取の体捌きそのものによって受は反射的に対応した動きをしてしまうとしか言いようがない。静かにこの部分だけを稽古すれば、たしかに膝を点の間で棒が擦過するだけの感触は存在する。無足の法による無圧、無痛なのだが、たしかにその体捌きによって受の膝を挫き落としているのである。

以上で、椿木小天狗流棒術の概略を終わる。父母未生以前の自分に会わんとすれば棒術に限らず武術全般における道程は果てしない。だが、わたくしのような者でも永く続けてきたことでそんな世界を知り、その住人となることが出来た。それは、まさに無上至福の喜びとするところである。

総括

▼無足の法
▼無足の法、遊び稽古
▼最大最小理論および順体法
▼等速度理論
▼浮身
▼直線運動

無足の法

総括の劈頭には、無足の法をあげなければならない。

柔術というものが、せんに先にと進み剣術を引っ張っていくものだということを理解して頂きたい。剣術には歩法に関する具体的な術語はとくにない。しかし、剣術において奥義、極意に通ずる足捌きは、柔術では無足の法として伝えているものである。

剣術では、受け流し、斬撃ともに半身、一文字腰を取る。この半身から半身への変化を、見えざる直線によって構成することができる人、すなわち身体を消すことができる人にして、はじめて自然立ちの正対した姿をとって歩むことが出来るのだ。そんな技を持たぬ人がいきなり正対すれば、大きな隙を相手にさらすこととなる。初心者にとっては半身の構えが攻防において、もっとも合理的な形となる。いま我々は、技など何も持たない普通の人間がいかにして技を身に付けることが出来るようになるのかを知り、そしてそれを学びたいのである。

柔術においては、左半身の体構えを取り、腰構えを崩さぬようにして左の肩先を前へ引かれ、倒れるようにして、足で床を蹴らずに歩を進めるというが、誰も当初からそんなことは出来ないし、年数をかけてもなかなかうまく歩を進めることが出来ないのが現状である。極意ゆえの難しさである。

半身で体を倒すようにして歩を運ぶというが、倒れないように歩ける人は多いが「倒れる」という重心移動を利用して歩ける人などめったにいない。どうすれば術技的に倒れる力を利用して滑らかに歩け

遊び稽古

両膝に木刀を横に渡し、左右の手でその木刀と膝」とをそれぞれ固定把持する。その形で身体を左右に半回転させながら、直線に進んでゆく。

るのだ。床を蹴らずに倒れるように歩くとはどういうことなのか。

ここに古い遊び稽古がある。一文字腰の構えを取り、木刀を補助に使う。両膝に木刀を横に渡し、左右の手でその木刀と膝とをそれぞれ固定把持する。その形で身体を左右に半回転させながら、直線に進んでゆくのだ。たしかに、一般の歩行のための筋肉運動はここにはない。重心の移動で左右半回転ずつ進んでいくのだ。遊び稽古ゆえ、何をどうやって前進すれば良いのかということが一目瞭然である。これだけ両足を制御されても多くの人には歩こうとする動きが見える。そのため百八十度の回転に至らず前に進むことすら出来ない。この遊び稽古は手ヲ以テセズ、足ヲ以テセズという順体法にも適った稽古だ。

これが型に入るとこの半身から半身への変化を直線で支えなければならない。両肩が廻って見えてはならないのだ。正面の相手に対して隙のない変化、体捌きをしなければならないのである。順体とこの直線の働き、最大最小理論が相俟って消える動きが表れるのである。

無足の法、遊び稽古

一．四ッに組んで右足を受の右足裏にかけるものである。ここではどうすれば相手に自分の足の動きを伝えないことが出来るかを学ぶのである。受は両手を軽く取の腰に当てている。取が普通に動こうとすれば左足に重心を移動させて右足を動かしていくことになる。当然、受には、取の右肩の動きや腰の左への移動、触れている箇所の圧力の変化等、またそれ以前に腰部の諸筋の緊張が動こうとした時点で

遊び稽古

四ッに組んで右足を受の右足裏にかけて崩す。相手に足の動きを伝えないことが必要。

すでに起こってしまう。それらをすべて排除しようというのだ。受が組んで相手の変化を待っていたら、右足がいつのまにか右足裏に掛かった…という状況の逆転劇を生み出したいのである。

稽古の目的は相手を倒すことにはない。自分自身の動きを受の方に見ていただく、という主意である。頭の先から足の先まで神経は張り巡らされているが、充分に機能させるためには修行が必要である。


二．棒術を学んだので、棒術からの無足の法を考えてみたい。

取は胡座に座って待機する。棒はあってもなくてもよい。（最初は身体の動きに集中したいので持たぬほうがよいだろう。）

受は、棒術と同じく真っ向を斬る。

取は機を見て、胡座の体勢で左右に体を捌いて受の斬撃を躱す。

その際、腰の横折れ、捻れなどは禁忌である。ここで即物的な回避運動を行っても意味はないのだ。多くは一般的な動きしか出来ないため、受の太刀は取を追ってくる。またここでも出来ない型の再現となってしまうが、胡座の体勢で足を使わないという条件での左右への体捌きを如何にしたらよいのかという問題が明確となるため、良い遊び稽古となっている。

遊び稽古

取は胡座に座り、受けの真っ向の斬撃を左右に体を捌いて躱す。受の斬撃の思念の頭を取って右に、左にと振武舘の正中線を瞬時に移動させているため、受は打つに打ち込めずにいる。

最大最小理論および順体法

この理論は、身体を最大に動かすことにより、身体とその空間あるいは身体と太刀や他の武器との相対関係が最小となる運動法に関するわたくし独自の理論である。

これも何度となく繰り返し発表してきたものだが、実技であり、理論の実践でもある型というものを学ばない以上、本当に理解するのは難しいことだ。共に稽古をしていてさえ、人それぞれで、手癖、足癖等、我流の動きからの脱却に挑戦することになる。

型を学ぶ前に順体法により、動かないということがどれほど難しいものであるかを学んで、やっと型のかたちに正しく動くことの至難さを知ることが出来るものだ。動いて、動きを消すための要素のひとつがこの最大最小理論である。順体を保ち、無足の法に適い、この理論に適って動いた時、そこに消えて見えざる動き方が表現されるのである。

最大に動く、という言い方が潜在的な誤解を招くとすれば、構え、手の形をまったく動かさずに身体そのものを目的とする場所へ移動させるのだという表現はいかがか。大げさに手足を振り動かすことは、この理論では絶対的な禁忌事項なのである。「動かすな」という命令事項を守って動く、もちろん身体そのものが移動することを言っているのだが、それが至難の身体運動でもあるということを理解しなければ一歩も進むことはない。

等速度理論

終始同じ速さを保つということが、いかに重要なことであるかに気づいている人も少ないようだ。等速度という観点に立てば、初めからゆっくりと正しく動くことに集中できる。だが、多くは加速度運動をゆっくりとしているだけで、等速度の運動にはならない。ゆっくり動くことの難しさを知るべきである。駄目な動きは遅速にはまったく関係なく、無意味である。ゆっくり動いていてそれが未だ駄目な動きであると明確に自覚しつつ修錬を繰り返すことが下手な稽古の積み重ねとなり、上手へとつながる道程ともなる。緩徐だが動きに意味のない駄目なものは術への転化は望めない。駄目な稽古をいくら静かにゆっくりと繰り返してみても何も生まれないことは繰り返し述べてきた。

等しい速さで動くということは、動いていないのと同義である。そこから働きを持つ静止体が最も速いという理論も生まれてくる。それは、理論からはずれて動けば動いたぶん遅いということを証明する。剣を構えて対峙したときの凍り付くような緊張感もそこから生まれる。ゆっくり動いて速いという世界は、触れれば斬れるという剣の身体文化の特徴のひとつと言えるのではないだろうか。

浮身

居合術において、正しい座構えから無気配でおこる「浮身」と号する体勢は、両足を否定し浮いたかのような状態をいう。すなわち浮身という型は、立ち上がるという一般的な人の動作を否定した世界の所作である。座った状態から機に臨んで立ち上がりつつ抜刀をして対処するなどという間は、そこには存在しない世界を表しているのだ。「座構え」ひく「立ち上がり」が「浮身」なのだ。

これは居合術そのものの姿である。いや武術全般を見渡せばすべてこの理論からなる。「居合構え」ひく「抜刀」が「斬り付け」となるのが居合術の世界である。居合術では抜く必要がないのだ。抜き身が腰にあるのと同じ状況を創ることの出来る身体が、太刀を抜かずに状況の逆転を表すのである。構えが変化をしたとき、まだ抜くという右手右腕の行為はいっさいなされていないのが居合術である。それゆえ、構えの変化だけで太刀は抜けた形を取ることもあるが、まだ抜くという行為はいっさい為されていないため、斬撃の力はすべて保存されたままなのである。そこから鞘の中という語も生まれたのだ。右手で抜かないのが居合術である。抜かないからこそ斬撃力を保持したままの太刀が鞘の中にあって息づいているのだ。剣術ならば、ひとまず太刀を抜かなければ刀剣として働かない。すなわち太刀の目覚めの遅速を鞘の中に見てとったものが居合の術である。

居合術においては、浮身、発剣、二躬がすべてである。只管打坐の項で述べたとおり、座るという稽古の神髄はここにある。

直線運動

直線に動く、と言えば誰にでも動くことの出来る直線運動しか思い浮かばないのではないか。いや、それはわたくしの経験からの物言いで失礼かもしれないが、しかし多くの方々をみればその感は否めない。直線の体捌きという意味は、ただ体が直線上を移動、動くことを意味しない。すでにご承知のとおり、見えざる直線運動というものが武術には必須項目となっている。その直線をいかに我が身体を働かせれば表現出来るのか。見えない直線なのだから、初心者にはいきなり見せても分からない。だが、見比べることによって、初めて気づくことの出来る身体における体捌きなのだ。

見えない、ということに関して、武術とは異なるわたくしの経験話で申し訳ないが、昔、父の仕事（柔道整復師）を手伝い始めた頃、患者の足関節が「ひと皮腫れている」と健側と比較して父は言ったのだが、わたくしにはそのひと皮の腫れが見えなかった。数年後、わたくしも同じようなことを言えるようになったが、そんな経験からも人の眼というものは、なるほどどんな分野においても経験を積まなければ、見えないものを観る眼は培われないものだと実感したものである。

すでに見て来たとおり、直線に歩くということが出来れば名人、達人であると言える。その「直線の動き」「直線の体捌き」を求めて我々は型を理論と認識して学ばなければならないのだ、という思いを強くしている次第である。

おわりに

かくして言葉を尽くし、理論を尽くしたところに伝えきれない真意の存在が明らかになる。言えば言うほど、説けば説くほどに、それこそ消える身体、見えざる動きと同様に、まさにそこには見えざる極意的身体技法の何たるかが沈黙をしていることが明白となる。

古人も術歌に遺しているように、「極意とは縮れ髪のごとくにして、結う（言う）にゆわれず、解く（説く）にとかれず」である。理論としての術を言葉で説明されれば分かった気になるのは簡単である。実際、修行の場で、理論や術語を口にすれば、そのとたんに分かるものも分からなくなってしまい、真に見えるものも見えなくなってしまうのだ。いつまでも言葉の場にいては、真の修行はできない。型は理論であると観念した上で、そのままを受け入れなければならない。まして、他分野の方々にはくれぐれも振武舘の術語に振りまわされぬよう心してお気を付け頂きたい。

五月二十一日に企画出版部の近藤友暁氏からお電話があり、アメリカのサン・ディエゴ合宿から戻った一週間後の二十二日に再度ご連絡を頂いた。

柔術編、剣術編につづいて、以前、秘伝誌に連載していた残りの分を書籍にし、三部作のまとめとしたいとのことであった。前二作を続けて出して頂いたあと、同じ間隔で出るものと期待していた弟子たちからも居合術編はどうなっているのだとその後何度となく問われ続け、なんとなく落ちつかなかったが、これでようやくその最後をうめることができ、いささかほっとしている次第である。

前作から四年が経つが、今回原稿を読み返してみて、内容的には何も変更する箇所が見当たらなかったので若干の加筆をするにとどめた。目を通し始めたところ、校正を意識しなければそのまま終わるところであった。その僅かばかりの加筆訂正も速やかに終わった。

はじめゲラをいただいたのが六月二十八日で、八月頃には出版したいとの意向を聞いたときは、どうなることかと心配したのだが、以上のような経過で前作の時のような手間はかからず、何とか予定通り運びそうなので安堵した。

とは言え、書籍出版にさいしては、相変わらずのたいへんきびしい出版業界の状況にもかかわらず、多大なるご尽力を頂いた(株)ＢＡＢジャパン社長の東口敏郎氏には心からの敬意と感謝を申し上げたい。また、実際の書籍編集に際しては、写真の部分的な撮り直しも含めて近藤友暁氏ならびに武氏真一氏には多大なるお世話になり、この場をお借りして御礼を申し上げると共に、逐一のお名前の列挙は控えさせていただくが、長い雑誌連載中にお世話になった歴代の編集部諸氏諸兄にも合わせて心より謝意を表したい。

平成十六年七月

振武舘黒田道場　　黒田鉄山

改訂版　おわりに

今回の大幅な増補改訂版の作業も連作最後の第三巻にはいり、前版を一見したところ前二巻よりは楽に読み流せたのでこれは早々に原稿を上げることが出来そうだと内心安堵感を持ったものの、いざ作業に入るとどうしてもその原文に納得できず、またしても「大幅な」改訂作業となってしまった。原本における「あとがき」当時は、そこに見られるような最小限の改訂作業だったことを思うと、わたくし自身の稽古の深まりを改めて実感させられた。

本書も全編にわたっての全面的な加筆訂正と削除の繰り返し作業となった。どこをどのように削って、どのような文章に直したか、また加筆したかはここで述べるとすれば、またまた全編にわたりそうなので遠慮させて頂きたい。なお「総括」部分は第一巻では第五章に替えて割愛させていただいており、第二巻の総括は剣術編に合わせた内容となっているので、連作の繰り返しは避けられそうなので、煩を厭わずに残すこととした。

また図版に関しては、ほぼすべてを撮り直し、しかも動画から抽出されたもので構成されたため、厳密に本文と一致した図とはなっていない部分も多いが、著者としては思ってもみない実際の動きの断片が切り取られており、それぞれの動きの雰囲気も伝えられるのではないかと思い変更は控えさせていただいた。

また、言い訳になるが、第二巻発刊後の原稿改訂作業は、七月の長期海外合宿と恒例となった国内での仏隊の約二週間の夏期集中稽古が八月のお盆を挟んでほぼ連続的に行われたため、大きく作業時間が削られた。仏隊前半の一週目は、全国で熱中症による救急搬送および中高年層の死者数がうなぎ登りの酷暑の中で東京、大宮で連日の稽古が行われた。さすがにお盆最中の道路は空いていて楽だったが、それ以外、早朝の通勤時間帯に渋滞路を迂回などしながら車で東京へ向かうことは、元来通勤人ではないわたくしにとっては、それなりの毎夏の楽しみとなっている…。

この増補改訂版連作に関しては、三部作すべての写真の撮り直しも含めて、編集部の原田伸幸氏には言葉に尽くせぬほど多大なるお世話になった。遅筆のわたくしをせかすことなく、ただただ良いものを、というお志のもと（「まだか、まだか」というつぶやきは何度か聞こえたものの）、堪忍我慢の忍耐強い態度でわたくしの筆を見守ってくださったことに対して、この場をお借りして、本当に衷心より御礼を申し上げたい。

そして、このような増補改訂という機会を与えて下さった社長の東口敏郎氏には、ここで改めて謝意を表し、また三部作を通して同様に寛容寛大な対応で原稿の仕上がりをひたすら待ってくださったことに対しても重ねて心よりの御礼を表したい。

平成二十七年十月吉日

振武舘黒田道場　黒田鉄山

本書は 2004 年に発行された『気剣体一致の「極」』の新装改訂版です。

著者プロフィール

黒田鉄山（くろだ　てつざん）

振武舘黒田道場館長。1950 年埼玉県生まれ。祖父泰治鉄心斎につき、家伝の武術を学ぶ。民弥流居合術、駒川改心流剣術、四心多久間流柔術、椿木小天狗流棒術、誠玉小栗流殺活術の五流の宗家。現在も振武舘黒田道場において、弟子と共に武術本来の動きを追求し続けている。

振武舘黒田道場

〒 337-0041　埼玉県さいたま市見沼区南中丸 734-55

装幀：中野岳人

本文デザイン：澤川美代子

気剣体一致の「極《KIWAMI》」〈新装改訂版〉

2015 年 11 月 20 日　初版第 1 刷発行

著　　者　黒田 鉄山

発 行 者　東口 敏郎

発 行 所　株式会社ＢＡＢジャパン

〒 151-0073 東京都渋谷区笹塚 1-30-11 中村ビル

TEL　03-3469-0135　　FAX　03-3469-0162

URL　http://www.bab.co.jp/

E-mail　shop@bab.co.jp

郵便振替 00140-7-116767

印刷・製本　中央精版印刷株式会社

ISBN978-4-86220-944-3　C2075

BOOK Collection

「気剣体一致」シリーズ三部作【新装改訂版】第１弾!

気剣体一致の「創 sou」

“見えない動き”を体現する武術的身体の創成

現代人の想像を超えた古流武術身体論!あらゆる武術にもスポーツにも参考となる、重大な手掛かりが綴られた歴史的好著!　すべてに通ずる唯一無二の芸術的身体がここにある。武術の世界とは、決して力ではゆくことのできない、限りなく柔らかなものである。老若男女、体格、体型に左右されぬ、すべてに通ずるたった一つの姿態とは何か?　古流武術で行われる型稽古の中では、果たして何が追究されているのか?「無足の法」「最大最小理論」「等速度運動理論」等、振武舘黒田道場に伝わる武術理論が、あなたの“動き”を別次元に導く!

■黒田鉄山 著　■四六判　■ 256 頁　■本体 1,700 円＋税

「気剣体一致」シリーズ三部作【新装改訂版】第２弾!

気剣体一致の「改 kai」

“常識”を捨てた瞬間に到達できる神速の剣術

“運動神経に恵まれなかった男”がなぜ“神速”に至れたのか?　今なお進化し続ける「孤高の達人」が綴る、古流剣術に秘められた身体改造理論〜「最大最小理論」「等速度運動理論」「無足の法」。今だから語れる“最高到達点”からの言葉!　武術理論が、あなたの“動き”を別次元に導く!

★**「最大最小理論」:** 最大限に身体を駆使する事により最小限の動きが生まれる。これすなわち、最速。

★**「等速度運動理論」: よ**どみなく等速度で動くという事は動いていないのと同義。だから、見えない。

★**「無足の法」:** 地を蹴らない。自分の足を否定する事により、力では到達し得ない速度を得る。

■黒田鉄山 著　■四六判　■ 224 頁　■本体 1,700 円＋税

DVD Collection「黒田鉄山 古伝武術極意指南シリーズ」

⑦棒術指南 **椿木小天狗流**

黒田鉄山師の手により、これまであまり公開されることのなかった棒術の技が姿を見せる。椿木小天狗流の教えとは、棒術における精妙さとは、未知の運動法則とは何か。■内容：椿木小天狗流棒術来歴／基本棒術操作／理論概説／師範演武（1 本目 戻刎［もどりばね］・2 本目 背［せい］・3 本目 小手附［こてつけ］）／他

●収録時間55分　●本体5,238円+税

⑧剣・柔・居 **三位一体の世界**

黒田鉄山師の指導により、剣術・柔術・居合術の古流武術三流派の高段者レベルの極意を直伝する。■内容：剣術（三本目「目付之極意」／十手型一本目「肱落」／居合術「草之太刀之極意」）／演武（真之太刀、行之太刀、草之太刀、横払、斜払）／柔術（切掛之極意）演武（肮之巻・腰之剣・他）／他

●収録時間58分　●本体5,238円+税

黒田鉄山・改　剣之巻

至高の術理を備えた古伝の型。決して居着かない神速の技。動きはさらに消え、より柔らかく、またひとつ本質に近づいた。■内容：居合術（柄取観念太刀）／剣術=表中太刀（切上・目附・足切・附入・龍段返・他）／表実手（肱落・肱留・肱柄・肱車・他）／小太刀（捕手・砂巻・龍頭・引抜・追行・横真向・腹力・露刀・他）／他

●収録時間40分　●本体6,000円+税

黒田鉄山・改　柔之巻

技とは目に見えないもの。即物的な速さを否定した時、初めて動きは消える。■内容：四心多久間流柔術　表居取（肮之巻・腰之剣・切掛・奏者捕・七里引・四之身・引捨・骨法・稲妻・他）／裏居取（剣切・胸蹴・手払・壱足・三拍子）／龍之巻　人之位（切落・向詰・右孫・甲落・手頭）地之位（剣切・胸蹴・手払・壱足・三拍子）／他

●収録時間40分　●本体6,000円+税

超次元身体の法　第1巻 剣体編

■内容：素振り／駒川改心流剣術（涎賺し=剣術に於ける無足の法、肩を制御されての無足、他）／切上［胸のつかい、無足の法、胸の働きによる攻め］／目付［斬りの難しさ、遅速不二ということ］／足切［順体の沈み、間の変化、他］／附込［順体とひと調子、他］／龍段返［緻密な制御、他］）

●収録時間46分　●本体5,500円+税

超次元身体の法　第2巻　柔体編

■内容：順体による遊び（肩の分離、体ほぐし、無足の法、その他／型の習得（肮之巻［形として使う］・腰の剣［重心の右移動を保持］・引捨［胸の落としをつかう］・切落［鞘引きの体捌きを使う］・向詰［胸のつかい方］・乱曲［剣術の涎賺しで入る］・浮身［抜き付けと左右の返し］・他）

●収録時間42分　●本体5,500円+税